gâteaux
& autres douceurs

gâteaux
& autres douceurs

Laurence du Tilly

Photographies, Éric Fénot
Stylisme, Delphine Brunet

Avec la collaboration de Gaz de France

HACHETTE
Pratique

sommaire

francine
suprême

je veux la recette !

1 noix de beurre pour le moule / Démoulez sur une grille / La botte secrète d'Aude et Leslie / Vérifiez la cuisson avec la pointe d'un couteau / couper le gâteau en deux / lait de coco légèrement sucré / LES INGRÉDIENTS POUR 6 À 8 PERSONNES / Séparez les blancs des jaunes d'œufs / Ajoutez les framboises / parsemez votre gâteau d'amandes effilées / 2 cuil. à soupe de vanille liquide / Mettez le chocolat à fondre / Égouttez les poires et coupez-les en dés / AVEC QUELQUES PETITS ÉCLATS DE MARRON GLACÉ / Cheese-cake aux pommes / ajoutez les morceaux de sucre et le rhum / Recette pour épater / 1 beau zeste de citron / LES CONTOURS BRUNISSENT LÉGÈREMENT / Taillez les fruits confits / pour obtenir un mélange crémeux / au lait de coco / Étalez une couche de glaçage au citron / 200 G DE CHOCOLAT NOIR DESSERT / Le secret de cette recette c'est la mousse / Terminez par une bonne dose de chantilly / berlingots de lait concentré / QUELQUES BRINS DE MENTHE CISELÉE / Ajoutez le sirop d'orgeat / Recouvrez la couche de biscuits avec la moitié de la crème

Mon premier gâteau au yaourt

PRÉPARATION 15 MIN | **CUISSON** 30 MIN | **COÛT** ★ | **DIFFICULTÉ** ★ |

MATÉRIEL SPÉCIFIQUE 1 MOULE À MANQUÉ

→ SI, ENFANT, VOUS N'AVEZ JAMAIS FAIT DE GÂTEAU AU YAOURT, C'EST LE MOMENT OU JAMAIS DE VOUS LANCER ET DE COMBLER CETTE ÉNORME LACUNE.

1 Préchauffez votre four à 180 °C (th. 6) et beurrez votre moule.

2 Versez le yaourt dans un saladier et gardez le pot pour mesurer les autres ingrédients.

3 Ajoutez les œufs et le sucre puis mélangez. Ajoutez la farine et la levure puis mélangez à nouveau. Terminez par l'huile. Fouettez bien pour obtenir une pâte homogène. Versez dans le moule.

4 Enfournez et laissez cuire 30 min. Vérifiez la cuisson avec la pointe d'un couteau. Démoulez sur une grille et laissez refroidir.

5 Coupez le gâteau en deux dans l'épaisseur, badigeonnez la partie du bas de confiture puis recouvrez avec la partie supérieure.

Les ingrédients pour 6 à 8 personnes

1 yaourt nature
3 œufs
2 pots de sucre
3 pots de farine
1 sachet de levure
3/4 pot d'huile
1 pot de confiture de votre choix
1 noix de beurre pour le moule

Pour varier_ Sur cette base de gâteau au yaourt vous pouvez varier les plaisirs :
• Tapissez le fond du moule de rondelles d'ananas au sirop égouttées et saupoudrez de noix de coco râpée une fois le gâteau démoulé. • Faites de même avec d'autres fruits au sirop : poires, pêches ou abricots. • Ajoutez des pépites de chocolat dans la pâte.

la botte secrète d'aude et leslie

Nous, on adore glisser des pépites de caramel (rayon pâtisserie des supermarchés) et des noix de pécan concassées dans la pâte. À déguster tiède évidemment...

Pain doux antillais

PRÉPARATION 10 MIN | **CUISSON** 30 MIN | **COÛT** ★ | **DIFFICULTÉ** ★ |

MATÉRIEL SPÉCIFIQUE 1 MOULE À MANQUÉ

→ CETTE RECETTE ANTILLAISE SE TRANSMET DE GÉNÉRATION EN GÉNÉRATION. TRÈS FACILE À FAIRE, ELLE REND DINGUES LES PETITS ET LES GRANDS !

1 Préchauffez votre four à 200 °C (th. 6-7). Pesez vos 6 œufs. Préparez le même poids de sucre et la moitié du poids de farine.

2 Séparez les blancs des jaunes d'œufs et montez les blancs en neige au batteur électrique.

3 Ajoutez les jaunes aux blancs tout en continuant de fouetter, puis le sucre et enfin la farine, toujours en fouettant. Coupez le demi-bâton de vanille en quatre et incorporez-le à la pâte.

4 Beurrez un moule à manqué et versez-y la pâte.

5 Baissez votre four à 180 °C (th. 6), enfournez et laissez cuire 30 min sans ouvrir le four. Vérifiez la cuisson avec la pointe d'un couteau.

Les ingrédients pour 6 à 8 personnes

6 œufs
sucre (environ 300 g)
farine (environ 150 g)
½ bâton de vanille
1 noix de beurre pour le moule

Pour varier_ Vous pouvez couper le gâteau en deux dans l'épaisseur et le fourrer avec de la crème pâtissière mélangée à de la noix de coco râpée... étourdissant.

le truc de stéphan

Accompagnez ce gâteau de lait de coco légèrement sucré et réchauffé dans une casserole.

Gâteau aux amandes, citron et framboises

PRÉPARATION 20 MIN | **CUISSON** 50 MIN | **COÛT** ★★ | **DIFFICULTÉ** ★ |

MATÉRIEL SPÉCIFIQUE 1 MOULE À CAKE

→ C'EST L'OCCASION DE DÉCOUVRIR ET D'APPRÉCIER LA FARINE DE MAÏS. VOUS POUVEZ NÉANMOINS RÉALISER CETTE RECETTE AVEC DE LA FARINE DE BLÉ. CE GÂTEAU EST VRAIMENT TRÈS FIN ET TRÈS LÉGER GRÂCE AUX FRUITS FRAIS QUE L'ON Y AJOUTE.

1 Préchauffez votre four à 180 °C (th 6). Beurrez votre moule à cake.

2 Faites ramollir le beurre. Dans un saladier, travaillez le beurre mou avec le sucre en fouettant 5 min environ pour obtenir un mélange crémeux et léger. Ajoutez la poudre d'amandes et les œufs un à un tout en fouettant. Incorporez la farine, la levure, le jus de citron et la pincée de sel. Mélangez bien.

3 Ajoutez les framboises encore surgelées dans la pâte puis mélangez délicatement. Versez dans votre moule.

4 Enfournez et laissez cuire 50 min. Vérifiez la cuisson avec la pointe d'un couteau.

Les ingrédients pour 6 à 8 personnes

200 g de beurre
200 g de sucre en poudre
200 g d'amandes en poudre
3 œufs
120 g de farine de maïs
½ sachet de levure
le jus d'1 citron jaune
1 pincée de sel
150 g de framboises surgelées
1 noix de beurre pour le moule

Pour varier_ • Vous pouvez réaliser ce cake nature, il est délicieux. • Vous pouvez aussi remplacer les framboises surgelées par des cubes de figues fraîches.

la botte secrète d'aude et leslie

Pour une petite touche déco, parsemez le dessus de votre gâteau d'amandes effilées juste avant de le mettre au four. Trop beau !

le tuyau de laurence

Les framboises sont très fragiles, c'est pourquoi il faut les utiliser surgelées pour qu'elles ne s'écrasent pas quand vous mélangez.

Gâteau banane et Nutella de Leslie

PRÉPARATION 15 MIN **I CUISSON** 50 MIN **I COÛT** ★ **I DIFFICULTÉ** ★ **I**

MATÉRIEL SPÉCIFIQUE 1 MOULE À CAKE

→ CETTE RECETTE EST TOTALEMENT RÉGRESSIVE, C'EST UN VRAI BONHEUR. FACILE ET RAPIDE À RÉALISER, VOUS DEVIENDREZ VITE ACCRO VOUS AUSSI.

1 Mettez votre four à chauffer à 180 °C (th. 6). Beurrez votre moule à cake.

2 Mettez votre beurre à fondre au micro-ondes ou sur le feu. Laissez tiédir.

3 Pelez les bananes, coupez-les en rondelles et versez-les dans le bol de votre mixeur. Ajoutez l'œuf entier et le jaune puis mixez pour réduire en purée. Ajoutez alors le beurre fondu, le sucre, la farine, la levure et la vanille puis mixez à nouveau.

4 Versez le mélange dans votre moule à cake. Enfournez et laissez cuire 50 min environ. Vérifiez la cuisson avec la pointe d'un couteau. Démoulez sur une grille à pâtisserie et laissez refroidir.

5 Coupez votre cake à la banane en trois parts égales dans l'épaisseur. Mettez votre pot de Nutella au bain-marie afin qu'il soit plus facile à étaler. Tartinez la base de votre gâteau de Nutella puis recouvrez avec la part du milieu. Tartinez à nouveau de Nutella puis terminez en replaçant le dessus.

Les ingrédients pour 6 à 8 personnes

100 g de beurre demi-sel
4 bananes bien mûres
1 œuf + 1 jaune
300 g de sucre en poudre
250 g de farine
1 sachet de levure
2 cuil. à soupe de vanille liquide
1 petit pot de Nutella
1 noix de beurre pour le moule

Pour varier_ • Si vous n'êtes pas, comme ma copine Leslie, accro au Nutella, remplacez-le par de la confiture de fraises… un régal ! • Nature, il est parfait aussi.

le truc de stéphan

Modifiez légèrement la saveur et la texture de ce gâteau en remplaçant 100 g de farine par autant d'amandes en poudre.

Gâteau au chocolat de Zette

PRÉPARATION 15 MIN | **CUISSON** 15 À 20 MIN | **COÛT** ★ | **DIFFICULTÉ** ★ |

MATÉRIEL SPÉCIFIQUE 1 MOULE À MANQUÉ

→ C'EST LA RECETTE DE GÂTEAU AU CHOCOLAT DE MA GRAND-MÈRE, QUE VOUS APPRÉCIEREZ SI VOUS ÊTES DINGUE DE CHOCOLAT. JE LE PRÉPARE VRAIMENT FONDANT, VOIRE COULANT... AVEC UNE CRÈME ANGLAISE OU UNE BOULE DE GLACE À LA VANILLE.

1 Préchauffez votre four à 200 °C (th. 6-7). Beurrez votre moule.

2 Séparez les blancs des jaunes d'œufs et coupez le beurre en petits dés.

3 Mettez le chocolat à fondre au bain-marie puis ajoutez le beurre. Quand le mélange est fondu et lisse, ajoutez le sucre et les jaunes d'œufs. Mélangez bien.

4 Montez les blancs en neige et incorporez-les au chocolat. Ajoutez la farine et mélangez bien.

5 Versez la pâte dans votre moule. Baissez votre four à 180 °C (th. 6) puis enfournez le gâteau. Laissez cuire de 15 à 20 min selon votre goût.

Les ingrédients pour 6 à 8 personnes

6 œufs
100 g de beurre
250 g de chocolat
200 g de sucre
50 g de farine
1 noix de beurre pour le moule

le tuyau de laurence

Vous pouvez aussi faire ce gâteau dans des moules individuels, moules à financiers par exemple. Dans ce cas, réduisez la cuisson à 10 min si vous l'aimez coulant, et allez jusqu'à 15 min si vous le préférez plus cuit.

la botte secrète d'aude et leslie

Pour les plus gourmands, ajoutez quelques éclats de chocolat blanc dans la pâte. Hmmm !

Muffin géant poire et châtaigne

PRÉPARATION 15 MIN | **CUISSON** 40 MIN | **COÛT** ★★ | **DIFFICULTÉ** ★ |

MATÉRIEL SPÉCIFIQUE 1 MOULE À MANQUÉ

1 Préchauffez votre four à 200 °C (th. 6-7). Beurrez votre moule.

2 Mélangez le sucre, la cannelle, les noisettes en poudre, la farine et la levure dans un saladier. Dans un autre récipient, fouettez le lait et les œufs puis incorporez le tout au mélange du saladier. Fouettez, mais la pâte doit rester légèrement grumeleuse.

3 Faites fondre le beurre et ajoutez-le à la pâte. Égouttez les poires, coupez-les en dés et incorporez-les à la préparation. Mélangez.

4 Versez la préparation dans votre moule beurré et enfournez pour 40 min. Vérifiez la cuisson avec la pointe d'un couteau.

Les ingrédients pour 6 à 8 personnes

100 g de sucre en poudre
1 cuil. à café de cannelle en poudre
100 g de poudre de noisettes
450 g de farine de châtaigne
1 sachet de levure
375 ml de lait
2 œufs
125 g de beurre
300 g de poires au sirop
1 noisette de beurre pour le moule

Pour varier_ Vous pouvez faire 6 gros muffins en utilisant des moules à muffins. Dans ce cas, réduisez la cuisson à 30 min.

la botte secrète d'aude et leslie

Avec quelques petits éclats de marron glacé, vos papilles seront en émoi !

le truc de stéphan

Pour que le muffin soit bien développé et surmonté de son « chapeau », laissez la pâte dans les moules pendant 20 à 25 min avant de mettre au four.

Galette des rois

PRÉPARATION 15 MIN | **CUISSON** 40 MIN | **COÛT** ★ | **DIFFICULTÉ** ★

→ C'EST TELLEMENT FACILE ET RAPIDE À FAIRE QUE CE SERAIT DOMMAGE DE S'EN PRIVER. À FAIRE TOUTE L'ANNÉE… MAIS SANS LA FÈVE !!

1 Préchauffez votre four à 180 °C (th. 6).

2 Mettez le beurre à ramollir au micro-ondes et versez-le dans un saladier. Ajoutez le sucre et fouettez pour obtenir un mélange mousseux. Ajoutez la poudre d'amandes, l'œuf, la farine et le rhum puis mélangez pour obtenir un mélange homogène.

3 Recouvrez la plaque de votre four d'une feuille de papier sulfurisé et beurrez-la. Séparez votre pâte en deux et étalez-la pour obtenir 2 cercles de même taille. Étalez un disque de pâte feuilletée sur le papier sulfurisé puis piquez la pâte avec une fourchette. Garnissez de crème d'amandes et étalez celle-ci jusqu'à 1 cm du bord. Déposez votre fève. Recouvrez avec le deuxième disque de pâte. Appuyez sur les bords pour bien sceller la galette sur tout le tour.

4 Fouettez votre jaune d'œuf avec une goutte d'eau puis badigeonnez le dessus de votre galette. Dessinez des motifs avec la pointe d'un couteau si vous le souhaitez. Enfournez et laissez cuire 40 min.

5 Environ 5 min avant la fin de la cuisson, saupoudrez le dessus de la galette de sucre glace et remettez au four. Dégustez encore chaud.

Les ingrédients pour 6 à 8 personnes

60 g de beurre
60 g de sucre en poudre
60 g de poudre d'amandes
1 œuf
1 cuil. à café de farine
1 cuil. à soupe de rhum
500 g de pâte feuilletée à étaler
1 jaune d'œuf
sucre glace
1 fève
1 noix de beurre pour la plaque

le tuyau de laurence

Si vous êtes dingue de frangipane, vous pouvez doubler les quantités et vous obtiendrez une galette très onctueuse. Pour cette recette j'ai une petite préférence pour la pâte feuilletée à étaler plutôt que celle en rouleau. Mieux encore, commandez-la chez votre boulanger.

Gâteau à l'ananas façon baba

PRÉPARATION 20 MIN | **CUISSON** 25 MIN | **COÛT** ★★ | **DIFFICULTÉ** ★ |

MATÉRIEL SPÉCIFIQUE 1 MOULE À SAVARIN

1 Préchauffez votre four à 210 °C (th. 7). Beurrez votre moule.

2 Faites fondre le beurre au micro-ondes. Séparez les blancs des jaunes d'œufs. Mélangez les jaunes et le sucre puis ajoutez le beurre fondu, la farine et la levure. Montez les blancs en neige et incorporez-les à la pâte.

3 Égouttez les tranches d'ananas en conservant le jus. Étalez la moitié des tranches d'ananas au fond du moule. Recouvrez avec la moitié de la pâte, étalez la deuxième moitié des tranches d'ananas puis terminez par le reste de pâte.

4 Enfournez le gâteau et laissez-le cuire 25 min.

5 Versez le jus d'ananas dans une casserole, ajoutez les morceaux de sucre et le rhum. Portez à ébullition et laissez réduire légèrement.

6 Démoulez le gâteau encore chaud dans un plat creux puis arrosez du sirop de rhum chaud. Laissez refroidir avant de servir.

Les ingrédients pour 6 à 8 personnes

125 g de beurre
3 œufs
125 g de sucre
125 g de farine
½ sachet de levure
1 boîte d'ananas 4/4
1 noix de beurre pour le moule

Pour le sirop

5 morceaux de sucre
10 cl de rhum

le truc de stéphan

Utilisez de la levure biologique et laissez fermenter la pâte une petite heure avant de la mettre à cuire.

Cheese-cake aux pommes

PRÉPARATION 20 MIN | **CUISSON** 35 MIN | **COÛT** ★★ | **DIFFICULTÉ** ★★ |
MATÉRIEL SPÉCIFIQUE 1 MOULE À MANQUÉ

1 Préchauffez votre four à 180 °C (th. 6) et beurrez votre moule.

2 Préparez la base de votre cheese-cake. Faites ramollir le beurre. Versez les sablés dans le bol de votre mixeur. Mixez puis ajoutez la poudre d'amandes et le beurre mou. Mixez à nouveau et tapissez le fond de votre moule de cette préparation. Tassez bien avec le plat de la main et placez votre moule au réfrigérateur.

3 Pelez les pommes, ôtez le cœur et coupez-les en fines lamelles. Mettez une poêle à chauffer avec le beurre et faites dorer vos lamelles de pommes des deux côtés. Déposez-les sur du papier absorbant après cuisson puis recouvrez-en le fond de pâte.

4 Séparez les blancs des jaunes d'œufs. Taillez finement le zeste de citron.

5 Dans un saladier, mélangez 50 g de sucre, les 4 jaunes d'œufs, le mascarpone, la faisselle égouttée et les zestes de citron. Dans un autre plat, montez les 2 blancs d'œufs en neige bien ferme. Ajoutez en pluie les 25 g de sucre restants et fouettez.

6 Versez les œufs en neige dans la pâte et mélangez délicatement. Versez dans le moule.

7 Enfournez et laissez cuire 35 min. À la fin du temps de cuisson, éteignez le four et laissez le gâteau dedans jusqu'à ce qu'il soit revenu à température ambiante. Sortez alors le cheese-cake et placez-le directement dans le réfrigérateur. Démoulez au moment de servir.

Les ingrédients pour 6 à 8 personnes

2 pommes golden
1 cuil. à soupe de beurre
2 œufs + 2 jaunes
1 beau zeste de citron non traité
75 g de sucre en poudre
50 g de mascarpone
200 g de faisselle bien égouttée

Pour la base

45 g de beurre
85 g de sablés
125 g de poudre d'amandes
1 noix de beurre pour le moule

Pour varier_ • Vous pouvez supprimer les pommes et vous obtiendrez un délicieux cheese-cake nature ! • Pour une note plus festive, ajoutez quelques lamelles de pommes poêlées sur le dessus au moment de servir.

la botte secrète d'aude et leslie

Testez ce délicieux cheese-cake avec une base aux spéculoos : passez au mixeur 150 g de spéculoos, 4 cuil. à soupe de poudre d'amandes et 50 g de beurre fondu.

Gâteau aux carottes et aux abricots secs

PRÉPARATION 25 MIN | **CUISSON** 50 MIN | **COÛT** ★★ | **DIFFICULTÉ** ★★ |

MATÉRIEL SPÉCIFIQUE 1 MOULE À MANQUÉ

→ CETTE RECETTE TYPIQUEMENT AMÉRICAINE EST TOPISSIME. NE SOYEZ PAS AFFOLÉ PAR LA PURÉE DE CAROTTES... LANCEZ-VOUS ET JUGEZ PAR VOUS-MÊME !

1 Préchauffez votre four à 180 °C (th. 6). Beurrez votre moule.

2 Concassez les noix et les noix de pécan. Égouttez et mixez les tranches d'ananas. Décongelez la purée de carottes. Taillez les abricots secs en petits dés.

3 Versez la farine, le sucre, la levure, le sel et la cannelle dans un saladier. Battez les œufs dans un bol puis versez-les dans le saladier avec l'huile et la vanille tout en fouettant. Ajoutez enfin les noix, les noix de pécan, la noix de coco râpée, les dés d'abricots, la purée de carottes et la purée d'ananas. Mélangez et versez la pâte dans le moule.

4 Enfournez et laissez cuire 50 min. Vérifiez la cuisson avec la pointe d'un couteau. Démoulez sur une grille à gâteau et laissez refroidir.

Les ingrédients pour 6 à 8 personnes

60 g de cerneaux de noix
100 g de noix de pécan
100 g de tranches d'ananas
150 g de purée de carottes surgelée
50 g d'abricots secs
325 g de farine
325 g de sucre en poudre
1 sachet de levure
1 grosse pincée de sel
2 cuil. à café de cannelle en poudre
2 beaux œufs
15 cl d'huile de tournesol
1 cuil. à café de vanille liquide
160 g de noix de coco râpée
1 noix de beurre pour le moule

À savoir_ Bon... et bon pour la santé ! Pour accentuer les bienfaits de ce gâteau, préparez-le avec de l'huile de colza, non raffinée si possible.

Pour varier_ Là encore vous pouvez faire des petits gâteaux individuels que vous pourrez emmener partout avec vous... Réduisez la cuisson plus ou moins selon la taille de vos moules et vérifiez toujours avec la pointe d'un couteau.

le tuyau de laurence

À se damner avec de la glace vanille macadamia.

Quatre-quarts au citron

PRÉPARATION 20 MIN | **CUISSON** 35 MIN | **COÛT** ★ | **DIFFICULTÉ** ★ |

MATÉRIEL SPÉCIFIQUE 1 MOULE À CAKE

1 Préchauffez votre four à 150 °C (th. 5). Beurrez votre moule.

2 Faites ramollir le beurre, ajoutez le sucre et fouettez 5 min environ jusqu'à ce que le mélange soit crémeux et léger. Ajoutez les œufs un à un, tout en fouettant puis incorporez la farine et la levure. Râpez le citron pour récupérer son zeste ; ajoutez-le à la préparation.

3 Versez la pâte dans un moule à cake beurré puis enfournez et laissez cuire 35 min. Vérifiez la cuisson avec la pointe d'un couteau.

4 Environ 5 min avant la fin de la cuisson, versez le sucre glace et le jus du citron dans une petite casserole. Mettez sur feu doux et laissez fondre pour obtenir un sirop.

5 Démoulez le cake puis versez le sirop délicatement dessus. Laissez refroidir avant de servir.

Les ingrédients pour 6 à 8 personnes

180 g de beurre

180 g de sucre

3 œufs

180 g de farine

1 paquet de levure

1 noix de beurre pour le moule

Pour le sirop

1 citron non traité

70 g de sucre glace

la botte secrète d'aude et leslie

Pensez aussi à cette recette en version mini pour des *tea-times* au top. Dans ce cas-là, choisissez des moules souples en silicone pour un démoulage sans embrouille. N'oubliez pas de réduire le temps de cuisson.

Mon fraisier

PRÉPARATION 30 MIN | **CUISSON** 25 MIN | **REPOS** 30 MIN | **COÛT** ★★ | **DIFFICULTÉ** ★★ |

MATÉRIEL SPÉCIFIQUE 1 MOULE À MANQUÉ

→ J'ADORE CE FRAISIER À BASE DE MASCARPONE À LA PLACE DE LA CLASSIQUE CRÈME AU BEURRE. IL EST PLUS LÉGER ET C'EST UN PLAISIR À FAIRE PENDANT LA PLEINE SAISON DES FRAISES.

1 Préchauffez votre four à 175 °C (th. 5-6). Beurrez votre moule.

2 Mettez le beurre à fondre. Fouettez les œufs entiers et le sucre dans un bol.

3 Mettez une casserole avec un peu d'eau à bouillir, placez le bol avec les œufs au-dessus et fouettez jusqu'à ce que le mélange épaississe et augmente de volume (10 min envion). Sortez le bol du bain-marie. Ajoutez la farine en plusieurs fois et mélangez délicatement à la spatule. Ajoutez le beurre fondu et mélangez à nouveau. Versez la pâte dans votre moule.

4 Enfournez et mettez à cuire 25 min. Démoulez à la sortie du four sur une grille à gâteau et laissez refroidir.

5 Versez le mascarpone, la crème liquide, le sucre glace et l'extrait de vanille dans le bol de votre mixeur. Mélangez. Placez au froid pendant 30 min.

6 Équeutez les fraises et coupez-les en deux dans la longueur ou en rondelles. Taillez la génoise en trois dans l'épaisseur.

7 Tartinez la base de la génoise de gelée de groseilles puis d'1/3 de la préparation au mascarpone et recouvrez d'1/3 des fraises. Renouvelez l'opération avec les deux autres couches de génoise.

Les ingrédients pour 6 à 8 personnes

Pour la génoise

60 g de beurre
4 œufs
125 g de sucre en poudre
125 g de farine
1 noix de beurre pour le moule

Pour la garniture

500 g de mascarpone
15 cl de crème liquide
80 g de sucre glace
1 cuil. à café de vanille liquide
250 g de fraises
1 petit pot de gelée de groseilles

la botte secrète d'aude et leslie

Tout aussi bon avec un mix de fraises et de framboises...

le truc de stéphan

Le problème du fraisier, c'est souvent... les fraises, qui ramollissent rapidement. Prenez toujours des fruits bien fermes, quitte à les choisir un peu moins mûrs. Boostez alors leur saveur avec quelques gouttes de jus de citron.

Pièce montée maison

PRÉPARATION 40 MIN **I CUISSON** 1 H 30 (30 MIN PAR GÂTEAU) **I COÛT** ★★ **I DIFFICULTÉ** ★★ **I**
MATÉRIEL SPÉCIFIQUE 1 MOULE À MANQUÉ DE 20 CM DE DIAMÈTRE

→ VOUS FAITES TROIS GÂTEAUX ET ENSUITE À VOUS DE JOUER POUR LA DÉCORATION !

1 Préchauffez votre four à 170 °C (th. 5-6). Beurrez votre moule. Séparez les blancs des jaunes d'œufs.

2 Cassez votre chocolat et mettez-le à fondre au bain-marie. Hors du feu, ajoutez le beurre coupé en petits cubes et mélangez pour obtenir un mélange lisse ; ajoutez alors les jaunes d'œufs un à un et mélangez bien. Ajoutez la farine, la poudre d'amandes et le sucre puis mélangez à la spatule.

3 Ajoutez la pincée de sel aux blancs d'œufs et fouettez-les pour obtenir une neige bien ferme. Incorporez-les à la pâte et mélangez délicatement à la spatule avec un mouvement de bas en haut.

4 Séparez la pâte en trois. Idéalement, versez-la dans trois moules. Si vous n'en avez qu'un, procédez en trois fois, en prenant soin de le beurrer à chaque fois. Enfournez et laissez cuire 30 min environ. Vérifiez la cuisson avec la pointe d'un couteau. Démoulez sur une grille à pâtisserie et laissez refroidir.

5 Quand les gâteaux sont froids, déposez-en un dans un plat. Taillez un rond plus petit dans le deuxième et un autre encore plus petit dans le troisième. Superposez-les.

6 Au moment de servir, mettez un saladier et les fouets de votre batteur électrique au congélateur pendant 5 min. Versez la crème liquide bien froide dedans et fouettez pour obtenir une crème Chantilly. Saupoudrez de sucre glace quand la crème commence à prendre et fouettez pour obtenir une chantilly bien ferme. Versez dans une poche à douille et décorez le pourtour de chaque gâteau. Terminez par le dessus et décorez avec les perles de sucre. Servez aussitôt.

Les ingrédients pour 8 à 10 personnes

12 œufs
500 g de chocolat noir dessert
300 g de beurre + 20 g pour les moules
3 cuil. à soupe de farine
300 g de poudre d'amandes
300 g de sucre
1 pincée de sel
20 cl de crème liquide entière
40 g de sucre glace
1 petite boîte de boules argent en sucre, de dragées ou de vermicelles chocolatés

---

Pour varier_ • Remplacez la chantilly par une crème au beurre. • Vous pouvez décorer ce gâteau avec des bonbons pour une version enfantine. • Ce principe de pièce montée maison est réalisable avec le gâteau au yaourt (p. 10) ou le gâteau banane et Nutella de Leslie (p. 16). • Comme sur la photo, vous pouvez varier les étages en utilisant des moules différents.

Gâteau roulé à la confiture

PRÉPARATION 30 MIN | **CUISSON** 15 MIN | **COÛT** ★ | **DIFFICULTÉ** ★★

→ SUR CE PRINCIPE DE GÂTEAU ROULÉ, UNE FOIS QUE VOUS MAÎTRISEZ LA BASE EN BISCUIT, À VOUS LA BELLE VIE... AU CHOCOLAT, À LA CONFITURE, À LA GELÉE...

1 Préchauffez votre four à 210 °C (th. 7). Recouvrez votre plaque de four de papier sulfurisé et huilez-le à l'aide d'un papier absorbant.

2 Séparez les blancs des jaunes d'œufs. Fouettez les jaunes avec le sucre et le sucre vanillé pendant 10 min en versant celui-ci progressivement. Le mélange doit blanchir. Ajoutez alors la farine petit à petit tout en fouettant.

3 Battez les blancs en neige ferme et incorporez-les au mélange précédent. La pâte doit être assez ferme. Attention, elle se liquéfie si vous fouettez trop longtemps. Étalez à la spatule sur le papier sulfurisé huilé pour former un rectangle de 1 cm d'épaisseur. Enfournez et laissez cuire 15 min environ.

4 Sortez la plaque du four et faites glisser la feuille de papier sulfurisé sur le plan de travail. Roulez délicatement le gâteau encore chaud et laissez refroidir.

5 Versez la confiture dans une petite casserole et faites-la chauffer légèrement. Déroulez le gâteau délicatement, recouvrez de confiture et roulez-le à nouveau tout en le décollant de son papier. Saupoudrez le dessus de sucre glace au moment de servir.

Les ingrédients pour 6 à 8 personnes

1 cuil. à café d'huile
4 œufs
125 g de sucre
1 sachet de sucre vanillé
125 g de farine
1 pot de confiture
1 cuil. à soupe de sucre glace

Pour varier_ • Bien entendu toutes les confitures se prêtent à ce gâteau. • Vous pouvez également le tartiner de gelée légèrement fondue puis de la préparation au mascarpone du fraisier (voir recette p. 33). • Et pourquoi ne pas faire comme ma copine Leslie et le tartiner allégrement de Nutella en le faisant légèrement chauffer pour mieux l'étaler.

le truc de stéphan

Pour faciliter le « roulage » de ce gâteau, on utilise parfois de la fécule à la place de la farine. En effet, la fécule ne contient pas de protéines et confère à la pâte une certaine souplesse, très utile ici.

Pudding à ma manière

PRÉPARATION 20 MIN | **CUISSON** 1 H | **COÛT** ★★ | **DIFFICULTÉ** ★ |
MATÉRIEL SPÉCIFIQUE 1 MOULE À CHARLOTTE

→ ÇA RESSEMBLE À UNE RECETTE DE GRAND-MÈRE, MAIS C'EST DIABOLIQUEMENT BON. VOUS POUVEZ LE PRÉPARER QUELQUES JOURS À L'AVANCE.

1 Préchauffez votre four à 180 °C (th. 6). Beurrez votre moule à charlotte et mettez vos raisins à macérer dans le rhum.

2 Versez le lait dans une casserole. Fendez votre gousse de vanille en deux et grattez les graines avec la pointe d'un couteau au-dessus du lait. Jetez également les demi-gousses grattées dans le lait. Mettez la casserole sur le feu et sortez-la dès la première ébullition. Retirez les demi-gousses de vanille.

3 Coupez la brioche en dés, placez-les dans un saladier et arrosez avec le lait bouillant. Laissez gonfler et réduisez en purée à la fourchette.

4 Dans un autre récipient, fouettez les œufs entiers et les jaunes avec la cassonade et la cannelle. Ajoutez les raisins égouttés et mélangez à nouveau. Réunissez les deux préparations et versez le tout dans votre moule.

5 Mettez à cuire au bain-marie au four pendant 1 h. Vérifiez la cuisson avec la pointe d'un couteau.

6 Démoulez et laissez refroidir. Servez ce pudding avec un coulis de fruits rouges ou une crème anglaise à la vanille.

Les ingrédients pour 6 à 8 personnes

100 g de raisins secs
1 petit verre de rhum brun
1 l de lait
1 gousse de vanille
300 g de brioche
4 œufs + 4 jaunes
150 g de cassonade
1 pincée de cannelle
1 noix de beurre pour le moule

Astuce_ Pour réaliser un bain-marie, prévoyez un plat plus grand que votre moule à charlotte, comme un moule à manqué ou un plat à gratin par exemple. Sortez votre plaque du four, déposez-y votre plat à bain-marie puis placez votre moule à charlotte dedans. Versez de l'eau dans le plat du dessous jusqu'à 1 cm du bord et enfournez. Complétez l'eau en cours de cuisson car elle s'évapore.

Pour varier_ • Si vous utilisez un moule à brioche comme sur la photo, assurez-vous qu'il soit suffisamment grand ou alors divisez les quantités par deux et ramenez le temps de cuisson à 45 min. • Remplacez les raisins par des fruits confits en petits dés, idéal pour les enfants. • Vous pouvez même faire des petits puddings individuels en répartissant la pâte dans des ramequins. Dans ce cas, réduisez la cuisson au bain-marie à 40 min.

Gâteau glacé

PRÉPARATION 15 MIN | **REPOS** 1 H | **COÛT** ★ | **DIFFICULTÉ** ★ |

MATÉRIEL SPÉCIFIQUE 1 MOULE À CAKE, À CHARLOTTE OU À MANQUÉ

1 Sortez vos glaces du congélateur et laissez-les ramollir légèrement de façon à pouvoir les travailler plus facilement.

2 Étalez la glace au chocolat au fond du moule et aplatissez-la pour former une première couche. Ajoutez le sorbet à la poire sur le dessus et étalez-le également en tassant bien. Remettez au congélateur.

3 Cassez le chocolat en morceaux et faites-le fondre au bain-marie avec le beurre tout en mélangeant pour obtenir une sauce lisse.

4 Démoulez le gâteau glacé sur une grille à gâteau en trempant la base du plat quelques secondes dans l'eau chaude. Versez la sauce au chocolat sur le gâteau glacé afin de le recouvrir de façon uniforme. Aidez-vous au besoin d'une spatule métallique. Replacez au froid.

Les ingrédients pour 6 à 8 personnes

½ l de glace au chocolat
½ l de sorbet à la poire
200 g de chocolat noir
20 g de beurre

Pour varier_ Mariez vos parfums à l'infini : framboise-vanille, chocolat-coco, pistache-chocolat, fraise-citron...

la botte secrète d'aude et leslie

Et pourquoi ne pas tester l'association glace au chocolat et glace au praliné ? Et si vous glissez quelques noisettes entières non salées entre les deux couches de glace, c'est encore plus fou !

le tuyau de laurence

La réussite de ce gâteau tient à la bonne température du chocolat. Trop chaud il fera fondre votre glace, trop froid vous aurez du mal à l'étaler. Quand il est tiédi et bien nappant sur la cuillère, vous pouvez le verser.

le verre de vin qui va bien

Essayez cette recette avec un verre de single malt pas trop tourbé.

English cake

PRÉPARATION 25 MIN | **CUISSON** 45 À 50 MIN | **COÛT** ★★ | **DIFFICULTÉ** ★★ |
MATÉRIEL SPÉCIFIQUE 1 MOULE À CAKE

1 Préchauffez votre four à 180 °C (th. 6). Beurrez votre moule.

2 Versez le rhum dans un bol et mettez-y vos raisins à gonfler. Taillez vos zestes d'oranges confits en dés. Émincez finement votre zeste de citron. Coupez vos cerises en quatre.

3 Mettez votre beurre à ramollir puis versez-le dans un saladier. Ajoutez la cassonade et mélangez au fouet 5 min pour obtenir un mélange crémeux et léger. Ajoutez alors les œufs un à un en fouettant bien à chaque fois. Ajoutez la farine, le sel et la levure, et mélangez à la spatule.

4 Égouttez vos raisins et mélangez tous les fruits dans un bol. Ajoutez les 2 cuil. à soupe de farine et mélangez pour bien les enrober. Jetez le surplus de farine et versez les fruits dans la pâte. Mélangez à la spatule et versez la pâte dans le moule.

5 Enfournez et laissez cuire 45 à 50 min. Vérifiez la cuisson avec la pointe d'un couteau. Démoulez votre cake encore chaud sur une grille et laissez refroidir.

Les ingrédients pour 6 à 8 personnes

1 dl de rhum
100 g de raisins de Corinthe
100 g de zestes d'oranges confits
1 beau zeste de citron (10 cm)
100 g de cerises confites
125 g de beurre
125 g de cassonade
3 œufs
150 g de farine + 2 cuil. à soupe
1 pincée de sel
1 sachet de levure
1 noix de beurre pour le moule

Pour varier_ Si vous optez pour des cakes individuels, réduisez le temps de cuisson et vérifiez toujours avec la pointe d'un couteau.

le tuyau de laurence

Pour votre zeste de citron, achetez des citrons bio car ils ne sont pas traités. Pour prélever facilement le zeste, utilisez un couteau économe.

Mini chaussons aux pommes

PRÉPARATION 10 MIN | **CUISSON** 20 MIN | **REPOS** 1 H | **COÛT** ★ | **DIFFICULTÉ** ★ |

MATÉRIEL SPÉCIFIQUE 1 EMPORTE-PIÈCE DE 10 CM DE DIAMÈTRE. SI VOUS N'EN AVEZ PAS, FABRIQUEZ UN PATRON AVEC UNE FEUILLE CARTONNÉE.

1 Farinez le plan de travail et étalez vos paquets de pâte feuilletée sur 2 à 3 mm d'épaisseur. À l'aide de votre emporte-pièce, ou de votre feuille cartonnée, découpez des ronds de pâte en minimisant les chutes. Jetez les restes de pâte.

2 Déposez 1 cuil. de compote au centre de chaque rond. Mouillez légèrement le bord de la pâte, sur 1 cm environ, et refermez vos chaussons en rabattant la pâte pour obtenir des demi-cercles. Appuyez bien avec les doigts pour sceller les chaussons. Placez au réfrigérateur au moins 1 h avant la cuisson.

3 Préchauffez votre four à 200 °C (th. 6-7).

4 Fouettez le jaune d'œuf avec une goutte d'eau et badigeonnez le dessus des chaussons aux pommes. Enfournez et laissez cuire 20 min. Pour qu'ils soient brillants, 5 min avant la fin de la cuisson, saupoudrez les chaussons de sucre glace puis remettez-les au four.

Les ingrédients pour 12 chaussons

2 paquets de pâte feuilletée de 250 g à étaler
1 petit pot de compote de pommes
1 jaune d'œuf
1 cuil. à soupe de sucre glace

la botte secrète d'aude et leslie

Customisez votre compote de pommes en ajoutant 4 pincées de cannelle en poudre.

le tuyau de laurence

C'est super simple à faire et vous pouvez varier les goûts en remplaçant la compote de pommes par n'importe quelle autre compote. Vous en trouverez un grand choix au rayon frais de votre supermarché : pomme-fraise, pomme-châtaigne, rhubarbe...

le truc de stéphan

Plus la différence de température entre la pâte feuilletée crue et le four est grande, plus elle gonfle et devient légère une fois cuite. Si vous avez le temps, laissez vos chaussons 3 h au frais avant de les enfourner.

CHOCOLATS
CACAO.THÉS
CHICORÉE
BISCUITS
CONSERVES
BOUGIES
VINS MOUSSEUX

Cannelés

PRÉPARATION 20 MIN | **CUISSON** 25 MIN | **REPOS** 1 H | **COÛT** ★ | **DIFFICULTÉ** ★★ |

MATÉRIEL SPÉCIFIQUE MOULES À CANNELÉS

1 Séparez le blanc du jaune de l'œuf et versez ce dernier avec le deuxième jaune dans un saladier. Ajoutez le sucre et fouettez 5 min pour obtenir un mélange blanchi et mousseux.

2 Versez le lait dans une casserole. Fendez la gousse de vanille en deux et grattez les graines avec la pointe d'un couteau au-dessus du lait. Jetez la gousse grattée dans le lait et portez à ébullition. Ôtez la casserole du feu, enlevez la gousse et versez le lait bouillant sur le mélange œufs-sucre tout en fouettant. Coupez le beurre en petits dés et ajoutez-le. Mélangez jusqu'à ce qu'il soit entièrement fondu.

3 Ajoutez alors le rhum puis la farine et mélangez à nouveau. Couvrez avec un linge propre et laissez reposer 1 h.

4 Préchauffez votre four à 210 °C (th. 7). Beurrez vos moules au pinceau après avoir fait fondre la noix de beurre.

5 Versez la pâte dans les moules, remplissez-les aux 3/4 et enfournez. Laissez cuire 25 min. L'extérieur doit être bien doré et croustillant. Démoulez chaud et laissez refroidir sur une grille à pâtisserie.

Les ingrédients pour 15 cannelés

1 œuf + 1 jaune
150 g de sucre
30 cl de lait
1 gousse de vanille
20 g de beurre
2 cuil. à soupe de rhum brun
100 g de farine
1 noix de beurre pour les moules

le tuyau de laurence

Vous pouvez utiliser des moules en silicone spécialement conçus pour les cannelés, néanmoins si vous voulez faire des cannelés dans le respect de la tradition, utilisez des moules en cuivre.

le truc de stéphan

Si vous avez le temps, faites la pâte la veille, gardez-la réfrigérateur puis mettez vos cannelés à cuire le lendemain. Ils auront un parfum plus soutenu et coloreront aussi plus vite.

Brochettes de marshmallows

PRÉPARATION 15 MIN | **COÛT** ★★ | **DIFFICULTÉ** ★ |

MATÉRIEL SPÉCIFIQUE PIQUES À BROCHETTES EN BOIS

→ CES BROCHETTES SONT IDÉALES L'ÉTÉ. NE VOUS EFFRAYEZ PAS DES QUANTITÉS, ELLES PARTIRONT EN UN CLIN D'ŒIL !

1 Équeutez vos fraises et coupez les plus grosses en deux. Pelez les poires, ôtez le cœur et coupez-les en cubes. Citronnez-les afin qu'ils ne noircissent pas.

2 Confectionnez vos brochettes en alternant fruits et marshmallows. Disposez-les dans un plat.

3 Servez ces brochettes avec le coulis de fruits rouges en saucière.

Les ingrédients pour 30 brochettes

250 g de fraises
2 poires de type comice ou conférence
le jus d'1 citron vert
1 sac de marshmallows
1 barquette de framboises
25 cl de coulis de fruits rouges

Pour varier_ Profitez des fruits sur les étals des marchés et mariez-les selon les saisons et vos envies : • Préparez vos brochettes avec des cubes d'ananas et de mangues, et servez-les avec un coulis de fruits exotiques et de noix de coco râpée. • Alternez marshmallows, rondelles de bananes citronnées et cubes de poires, et servez avec une sauce au chocolat.

Madeleines à la pistache

PRÉPARATION 15 MIN | **CUISSON** 10 À 12 MIN | **COÛT** ★ | **DIFFICULTÉ** ★ |

MATÉRIEL SPÉCIFIQUE MOULES À MADELEINES

1 Mettez votre four à chauffer à 200 °C (th. 6-7). Beurrez vos moules à madeleines. Émincez très finement le zeste de citron.

2 Cassez les œufs entiers dans un saladier et fouettez-les avec le sucre au moins 5 min pour obtenir un mélange mousseux.

3 Mettez le beurre à fondre dans une petite casserole et versez-le sur le mélange œufs-sucre. Mélangez puis ajoutez la farine et la levure très progressivement tout en mélangeant au fur et à mesure. Versez la pâte dans les moules.

4 Concassez les pistaches et saupoudrez le dessus de chaque madeleine.

5 Enfournez. Laissez cuire 10 à 12 min et démoulez sur une grille à pâtisserie. Laissez refroidir avant de déguster.

Les ingrédients pour 18 madeleines environ

- 1 beau zeste de citron non traité
- 2 gros œufs ou 3 petits
- 150 g de sucre en poudre
- 150 g de beurre
- 170 g de farine
- 1 sachet de levure chimique
- 2 cuil. à soupe de pistaches vertes non salées décortiquées
- 1 noix de beurre pour les moules

la botte secrète d'aude et leslie

Pour varier les plaisirs, troquez les pistaches et le citron contre des pépites de chocolat...

le tuyau de laurence

Vous pouvez remplacer le zeste de citron par un zeste d'orange ou par quelques gouttes d'eau de fleur d'oranger.

le truc de stéphan

Allez encore plus loin dans le côté oriental de la recette en remplaçant 50 g de farine par autant de pistaches finement broyées.

Rochers au coco

PRÉPARATION 10 MIN | **CUISSON** 35 MIN | **COÛT** ★ | **DIFFICULTÉ** ★ |

MATÉRIEL SPÉCIFIQUE PAPIER SULFURISÉ

→ DES PETITES BOUCHÉES DIVINES À RÉALISER EN UN TOUR DE MAIN !

1 Préchauffez votre four à 175 °C (th. 5-6).

2 Séparez les blancs des jaunes d'œufs et ne gardez qu'1 jaune. Montez vos blancs en neige bien ferme. Ajoutez le sucre glace, le sucre vanillé, le jaune d'œuf et la noix de coco râpée, et fouettez à nouveau.

3 Recouvrez votre plaque de four de papier sulfurisé et beurrez-le. Prenez un peu de pâte du bout des doigts, pressez légèrement pour la tasser un peu et déposez ces petits tas sur le papier sulfurisé en les espaçant légèrement.

4 Enfournez et laissez cuire 35 min environ. Laissez refroidir avant de servir.

Les ingrédients pour 16 rochers

2 œufs

120 g de sucre glace

1 sachet de sucre vanillé

150 g de noix de coco râpée

1 noix de beurre

le tuyau de laurence

Vous pouvez servir ces rochers en accompagnement d'une glace, d'une crème au chocolat, ou tout simplement tels quels à l'heure du thé.

Fruits secs aux amandes

PRÉPARATION 20 MIN | **COÛT** ★ | **DIFFICULTÉ** ★

Les ingrédients pour 6 personnes

- 250 g de pâte d'amandes
- 10 pruneaux
- 10 dattes
- 10 abricots secs
- 2 cuil. à soupe de noix de coco râpée

1 Lavez-vous les mains. Détaillez la barre de pâte d'amandes en trois boules que vous travaillerez entre vos mains pour les ramollir. Séparez chaque boule en dix morceaux que vous malaxerez pour obtenir des petits boudins.

2 Fendez les fruits secs en deux dans la longueur. Ôtez les noyaux des pruneaux et des dattes.

3 Versez la noix de coco râpée dans une assiette creuse. Passez chaque boudin de pâte d'amandes dans la noix de coco avant de farcir vos fruits secs.

4 Garnissez une boîte de ces fruits secs farcis.

Pour varier_ • Remplacez la noix de coco râpée par des cerneaux de noix, ou des noix de pécan que vous placerez sur le dessus de chaque fruit déguisé. • Vous pouvez aussi rouler vos boudins de pâte d'amandes dans du sucre cristallisé et ajouter des amandes effilées en décoration.

la botte secrète d'aude et leslie

Pour les mordus de chocolat, zappez la pâte d'amandes et testez ce petit tour de main qu'on doit à notre copine Élisa : faites fondre 200 g de chocolat noir avec 1 pincée de café soluble et 3 cuil. à soupe d'eau. Laissez refroidir jusqu'à ce que le chocolat épaississe puis farcissez vos fruits secs et roulez-les dans du sucre cristallisé.

Chouquettes farcies

PRÉPARATION 40 MIN | **CUISSON** 25 MIN | **REPOS** 1 H | **COÛT** ★★ | **DIFFICULTÉ** ★★ |

MATÉRIEL SPÉCIFIQUE PAPIER SULFURISÉ OU 1 PLAQUE À PÂTISSERIE

→ VOUS POUVEZ FAIRE CES CHOUQUETTES TOUT SIMPLEMENT. JE VOUS DONNE NÉANMOINS UNE ALTERNATIVE AUX PROFITEROLES AVEC UNE GARNITURE DE MOUSSE AU CHOCOLAT. INVERSEZ VOS HABITUDES ET SERVEZ-LES AVEC DE LA GLACE VANILLE !

1 Préchauffez votre four à 180 °C (th. 6). Recouvrez votre plaque de four de papier sulfurisé et beurrez-le. Si vous avez une plaque à pâtisserie, beurrez-la.

2 Mettez le beurre à fondre dans une casserole. Ajoutez l'eau, le lait, le sucre et le sel puis portez à ébullition. Hors du feu, ajoutez la farine et mélangez avec une cuillère en bois. Remettez la casserole sur feu doux et remuez énergiquement jusqu'à ce que la pâte forme une boule et n'adhère plus ni à la cuillère, ni à la casserole. À ce moment-là, sortez la casserole du feu et transvasez cette pâte dans un saladier. Ajoutez les œufs un à un tout en mélangeant.

3 À l'aide d'une cuillère à soupe ou d'une poche à douille, déposez des petits tas de pâte sur une plaque à pâtisserie. Enfournez et laissez cuire 25 min.

4 Cassez le chocolat en carrés et mettez-le à fondre au bain-marie. Séparez les blancs des jaunes d'œufs. Hors du feu, ajoutez les jaunes au chocolat fondu et mélangez vigoureusement. Montez les blancs en neige ferme puis incorporez-les au chocolat. Mélangez à l'aide d'une spatule et remplissez une poche à douille avec la mousse au chocolat.

5 Faites un trou à la base des choux et garnissez-les de mousse. Déposez dans un plat et saupoudrez de sucre glace. Mettez 1 h au froid avant de déguster.

Les ingrédients pour 25 chouquettes

100 g de beurre
10 cl d'eau
10 cl de lait
1 cuil. à soupe de sucre en poudre
1 pincée de sel
100 g de farine
3 œufs
1 noix de beurre pour la plaque

Pour la garniture

100 g de chocolat noir dessert
3 œufs
2 cuil. à soupe de sucre glace

le tuyau de laurence

Si vous voulez des grains de sucre sur vos chouquettes, commandez-les chez votre boulanger et saupoudrez les choux avant de les enfourner.

le verre de vin qui va bien

Proposez un verre de loupiac frais avec ces délicieuses bouchées.

Fondue à la confiture de lait

PRÉPARATION 15 MIN | **CUISSON** 3 H | **COÛT** ★ | **DIFFICULTÉ** ★ |

MATÉRIEL SPÉCIFIQUE FOURCHETTES À FONDUE OU FOURCHETTES À DESSERT

1 Placez la boîte de lait concentré fermée dans une grande casserole d'eau. Portez à ébullition, couvrez et laissez cuire 3 h. Remettez de l'eau en cours de cuisson. Sortez la boîte de la casserole et laissez refroidir 30 min.

2 Pendant ce temps, préparez les ingrédients de votre fondue. Taillez la baguette viennoise en cubes. Équeutez les fraises. Pelez les poires, ôtez le cœur et coupez-les en cubes. Pelez les bananes et coupez-les en rondelles. Citronnez les cubes de poires et les rondelles de bananes afin qu'ils ne noircissent pas. Gardez les fruits au frais et couvrez les cubes de baguette d'un linge propre.

3 Ouvrez votre boîte de lait concentré et versez la confiture de lait dans un bol.

4 Servez les fruits et le pain brioché avec la confiture de lait tiède.

Les ingrédients pour 6 personnes environ

1 boîte de lait concentré sucré
1 baguette viennoise
150 g de fraises
2 poires de type comice ou conférence
2 bananes

Pour varier_ Variez la recette en fonction de vos envies et des fruits que vous trouverez sur vos étals.

la botte secrète d'aude et leslie

Et si vous parfumiez votre lait concentré de quelques pincées de cardamome en poudre sucrée juste avant de servir... Aussi inédit que délicieux !

le tuyau de laurence

Vous trouverez de la confiture de lait toute prête au rayon confiture de votre magasin. Dans ce cas réchauffez-la légèrement au bain-marie afin qu'elle soit plus souple d'utilisation.

recette**pour**épater...

Briochettes farcies

PRÉPARATION 15 MIN | **COÛT** ★★ | **DIFFICULTÉ** ★

Les ingrédients pour 6 personnes

1 petite boîte de pêches au sirop

1 zeste de citron non traité

6 petites brioches

2 boîtes de mascarpone

1 cuil. à soupe de sucre en poudre

10 cl de crème liquide

1 Égouttez les pêches et coupez-les en dés. Taillez très finement le zeste de citron.

2 Coupez le chapeau des brioches et creusez-les.

3 Versez le mascarpone, le sucre, les zestes et la crème liquide dans le bol de votre mixeur et mélangez pour obtenir une crème lisse. Versez dans un bol et ajoutez les 2/3 des dés de pêches. Mélangez.

4 Garnissez les brioches de ce mélange. Recouvrez avec les dés de pêches restants et replacez les chapeaux. Mettez au froid avant de servir.

le tuyau de laurence

Si vous appréciez cette recette, recommencez-la avec d'autres fruits comme des fraises, des framboises, des nectarines, des raisins... ou un mélange de tous ces fruits.

le truc de stéphan

Aromatisez agréablement le mélange de fruits et de mascarpone avec 2 ou 3 cuil. à soupe de rhum.

Financiers aux framboises

PRÉPARATION 15 MIN | **CUISSON** 15 MIN | **REPOS** 1 H | **COÛT** ★★ | **DIFFICULTÉ** ★★ |

MATÉRIEL SPÉCIFIQUE MOULES À FINANCIERS

1 Mélangez la poudre d'amandes, le sucre et la farine dans un bol.

2 Versez vos blancs d'œufs dans un saladier, ajoutez le contenu du bol et mélangez bien au fouet à vitesse lente.

3 Coupez le beurre en cubes et versez-le dans une petite casserole. Mettez sur le feu. Quand le beurre est fondu et qu'il a pris une couleur noisette, retirez la casserole du feu. Laissez refroidir légèrement et versez dans le saladier. Mélangez et laissez reposer 1 h.

4 Préchauffez votre four à 200 °C (th. 6-7). Beurrez vos moules.

5 Versez la pâte dans les moules aux 2/3 de leur hauteur. Placez deux ou trois framboises dessus et appuyez légèrement pour qu'elles entrent un peu dans la pâte. Enfournez et laissez cuire 15 min. Démoulez et laissez refroidir sur une grille.

Pour varier_ Pour des financiers tout verts, remplacez la poudre d'amandes par le même poids de poudre de pistache verte. Vous ne trouverez pas ce type de poudre en magasin, alors passez 50 g de pistaches vertes décortiquées non salées dans un mixeur.

Les ingrédients pour 8 à 10 financiers

50 g de poudre d'amandes
150 g de sucre en poudre
50 g de farine
4 blancs d'œufs
140 g de beurre
1 petite barquette de framboises
1 noix de beurre pour les moules

le tuyau de laurence

Il existe des moules à financiers en silicone. Le nombre de financiers dépend de la taille des moules.

la botte secrète d'aude et leslie

Quand c'est la saison, testez cette recette avec des myrtilles. C'est trop bon !

le truc de stéphan

Si votre médecin vous interdit le beurre, ne renoncez pas à cette recette et préparez-la avec de l'huile de colza, dans les mêmes quantités.

Brownie

PRÉPARATION 15 MIN | **CUISSON** 35 MIN | **COÛT** ★ | **DIFFICULTÉ** ★ |
MATÉRIEL SPÉCIFIQUE 1 MOULE CARRÉ DE 23 CM

Les ingrédients pour 6 à 8 personnes

185 g de beurre
200 g de chocolat noir dessert
3 œufs
250 g de sucre
80 g de farine
50 g de cacao en poudre
75 g de cerneaux de noix
75 g de pistaches vertes non salées
1 noix de beurre pour le moule

1 Préchauffez votre four à 180 °C (th. 6). Beurrez votre moule.

2 Coupez le beurre en petits cubes. Mettez votre chocolat à fondre au bain-marie puis ajoutez le beurre. Mélangez pour obtenir un mélange lisse et brillant.

3 Cassez vos œufs dans un saladier et fouettez-les avec le sucre au moins 5 min pour obtenir un mélange crémeux. Versez sur le chocolat et fouettez à nouveau. Saupoudrez la farine et le cacao en poudre dans le saladier et fouettez à nouveau. Terminez en ajoutant les noix et les pistaches et mélangez le tout.

4 Versez la pâte dans le moule et enfournez. Laissez cuire 35 min.

5 Une fois refroidi, découpez 9 brownies, c'est-à-dire trois morceaux sur trois !

Pour varier_ Remplacez les noix et les pistaches par des pépites de chocolat au lait et de chocolat blanc. Si vous n'en trouvez pas, concassez 75 g de chocolat blanc et 75 g de chocolat au lait. Versez le contenu du bol dans la pâte !

la botte secrète d'aude et leslie

Pour ravir les tout-petits, décorez votre brownie : dessinez sur une feuille de papier le motif de votre choix (étoile, cœur, lettre de l'alphabet, sapin de Noël...) puis découpez-le avec un cutter pour obtenir un pochoir. Posez ce pochoir sur le gâteau puis saupoudrez le tout de sucre glace. Ôtez le pochoir et c'est prêt !

le tuyau de laurence

Tapissez le fond de votre moule de papier sulfurisé pour éviter de l'abîmer lors de la découpe.

Sablés au beurre salé

PRÉPARATION 15 MIN | **CUISSON** 15 MIN | **REPOS** 1 H | **COÛT** ★ | **DIFFICULTÉ** ★ |

MATÉRIEL SPÉCIFIQUE PAPIER SULFURISÉ, 1 EMPORTE-PIÈCE ROND DE 5 CM DE DIAMÈTRE

→ CES SABLÉS SE CONSERVENT QUELQUES JOURS DANS UNE BOÎTE HERMÉTIQUE.

Les ingrédients pour 20 à 25 sablés

1 beau zeste de citron (6 cm environ)
100 g de beurre demi-sel
150 g de sucre glace
1 œuf + 3 jaunes
200 g de farine
1 noix de beurre pour la plaque

1 Préchauffez votre four à 190 °C (th. 6). Recouvrez la plaque de votre four de papier sulfurisé et beurrez-le. Hachez très finement le zeste de citron avec un couteau.

2 Mettez votre beurre à ramollir dans un saladier, ajoutez le sucre et mélangez jusqu'à obtenir un mélange bien crémeux. Dans un bol, fouettez l'œuf et 2 jaunes puis versez progressivement sur la préparation beurre-sucre en mélangeant bien à chaque fois. Ajoutez la farine en pluie, les zestes et mélangez. Farinez-vous les mains et formez une boule.

3 Déposez la pâte sur une feuille de film transparent. Aplatissez-la légèrement avec le plat de la main. Enveloppez-la et mettez-la au réfrigérateur au moins 1 h.

4 Sortez la pâte du réfrigérateur, saupoudrez-la de farine, déposez-la entre deux feuilles de papier sulfurisé et étalez-la sur 4 à 5 mm d'épaisseur. À l'aide d'un emporte-pièce, découpez les sablés. Formez une boule avec les chutes de pâte, étalez-la à nouveau et taillez quelques sablés de plus. Déposez-les au fur et à mesure sur votre plaque de cuisson.

5 Fouettez le dernier jaune d'œuf avec une goutte d'eau et badigeonnez la surface de vos sablés à l'aide d'un pinceau. Enfournez et laissez cuire environ 15 min. Mettez à refroidir sur une grille.

Astuces_ • Pour que la pâte sablée reste... sablée, ne la pétrissez pas ! Dès que la pâte est formée passez à la suite de la recette. • Cette pâte étant particulièrement collante, il est très important d'attendre qu'elle soit bien froide avant de la travailler et n'hésitez pas à la saupoudrer de farine.

la botte secrète d'aude et leslie

Pour d'autres saveurs, troquez les zestes de citron contre des zestes d'orange et ajoutez quelques pincées de cannelle en poudre dans la pâte. Hmmm !

Tuiles aux amandes

PRÉPARATION 10 MIN | **CUISSON** 8 MIN | **COÛT** ★ | **DIFFICULTÉ** ★★ |

MATÉRIEL SPÉCIFIQUE PAPIER SULFURISÉ OU 1 PLAQUE À PÂTISSERIE

→ NE SOYEZ PAS AFFOLÉ PAR CETTE RECETTE, C'EST VRAIMENT SIMPLE. REPORTEZ-VOUS À LA PAGE 117 ET LAISSEZ-VOUS GUIDER.

1 Préchauffez votre four à 200 °C (th. 6-7). Beurrez votre plaque à pâtisserie ou recouvrez votre plaque de four de papier sulfurisé et beurrez-le.

2 Mettez le beurre dans une petite casserole et faites-le fondre. Laissez tiédir. Hachez finement au couteau le zeste d'orange.

3 Fouettez vos blancs d'œufs pour les mélanger, ils doivent juste être mousseux. Ajoutez la farine et le sucre glace en pluie tout en fouettant puis terminez par le beurre fondu, la crème et les zestes. Ajoutez délicatement les amandes à la pâte.

4 Déposez des petits tas de pâte avec une petite cuillère en les espaçant suffisamment car ils vont s'étaler à la cuisson. Aplatissez les tas de pâte aussi finement que possible avec le dos d'une cuillère à soupe légèrement huilé.

5 Enfournez et laissez cuire jusqu'à ce que les contours brunissent légèrement, 8 min environ. Sortez la plaque du four et décollez délicatement les ronds de pâte à la spatule. À la sortie du four, comme ils sont encore mous, déposez-les sur un rouleau à pâtisserie au sur des verres couchés pour leur donner leur forme définitive de tuiles.

Les ingrédients pour 20 à 25 tuiles

40 g de beurre
1 zeste d'orange non traitée
2 blancs d'œufs
75 g de farine
100 g de sucre glace
1 cuil. à soupe de crème fraîche épaisse
3 cuil. à soupe d'amandes effilées
1 noix de beurre pour la plaque

À savoir_ Les tuiles sont molles quand elles sont chaudes car le sucre qu'elles contiennent est dans un état dit « amorphe ». Dès que le gâteau refroidi, le sucre cristallise et durcit instantanément... Ne perdez pas de temps !

Pour varier_ Supprimez les amandes et vous obtiendrez des tuiles nature. Et si vous roulez complètement ces tuiles nature quand elles sont encore chaudes, donc molles et faciles à travailler, vous aurez des cigarettes russes !

Sablés de Noël à la confiture

PRÉPARATION 20 MIN | **CUISSON** 15 À 18 MIN ENVIRON | **REPOS** 2 H 15 | **COÛT** ★★ | **DIFFICULTÉ** ★★ |
MATÉRIEL SPÉCIFIQUE 1 PLAQUE À PÂTISSERIE OU PAPIER SULFURISÉ, 1 EMPORTE-PIÈCE ROND DE 6 CM DE DIAMÈTRE ENV. + 1 AUTRE DE 2 CM ENV.

→ VOUS AVEZ TOUS CRAQUÉ SUR LES FAMEUX BISCUITS À LA CONFITURE EN FORME DE LUNETTES QUAND VOUS ÉTIEZ PETITS. VOILÀ UNE RECETTE QUI S'EN INSPIRE.

1 Préchauffez votre four à 180 °C (th. 6). Beurrez votre plaque à pâtisserie ou recouvrez votre plaque de four de papier sulfurisé et beurrez-le.

2 Faites ramollir le beurre et versez-le avec le sucre dans le bol de votre robot. Mixez pour obtenir une boule de pâte pâle et crémeuse. Ajoutez la cannelle, le jaune d'œuf et mixez à nouveau. Terminez par la farine et la poudre d'amandes, et mixez une dernière fois pour obtenir une boule de pâte.

3 Taillez les fruits confits en tous petits dés et ajoutez-les à la pâte. Malaxez pour les répartir. Enveloppez de film transparent et placez 2 h au réfrigérateur.

4 Étalez la pâte sur une feuille de papier sulfurisé pour obtenir une épaisseur de 3 à 4 mm environ. Placez à nouveau 15 min au réfrigérateur.

5 Avec le grand emporte-pièce, détaillez la pâte en ronds en essayant d'avoir le moins de chutes possible. Avec le petit emporte-pièce, enlevez un rond de pâte au centre de la moitié des ronds obtenus. Placez les ronds de pâte sur la plaque. Enfournez et laissez cuire 15 à 18 min environ, jusqu'à ce qu'ils soient dorés. Sortez du four et faites glisser la feuille de papier sulfurisé sur le plan de travail. Mettez à refroidir.

6 Tartinez les biscuits pleins de confiture puis recouvrez-les avec les biscuits troués. Pressez-les légèrement et saupoudrez-les de sucre glace.

Les ingrédients pour 6 sablés

250 g de beurre
170 g de sucre en poudre
½ cuil. à café de cannelle
1 jaune d'œuf
200 g de farine
80 g de poudre d'amandes
150 g de fruits confits (angélique, cerise, zestes...)
confiture de fraises épaisse
2 cuil. à soupe de sucre glace
1 noix de beurre pour la plaque

Astuce_ Prenez une confiture ou une gelée assez ferme, sinon gare aux fuites !

le tuyau de laurence

Vous pouvez varier les formes des sablés du moment que celui du dessus comporte un trou ! Délicieux également avec une marmelade d'orange.

Croquants au gingembre

PRÉPARATION 15 MIN | **CUISSON** 10 MIN | **REPOS** 1 H | **COÛT** ★★ | **DIFFICULTÉ** ★ |

MATÉRIEL SPÉCIFIQUE 1 PLAQUE À PÂTISSERIE OU PAPIER SULFURISÉ

1 Préchauffez votre four à 200 °C (th. 6-7). Beurrez votre plaque à pâtisserie ou recouvrez votre plaque de four de papier sulfurisé et beurrez-le.

2 Faites ramollir votre beurre sans le laisser fondre. Ajoutez la cassonade, l'œuf battu et mélangez. Ajoutez ensuite la farine, le sel, la levure et les épices puis mélangez bien. Coupez le gingembre confit en petits dés et ajoutez-les. Malaxez pour bien les répartir dans la pâte. Enveloppez dans du film transparent et placez au réfrigérateur au moins 1 h.

3 Sortez la pâte du froid, malaxez-la un peu et étalez-la sur 4 à 5 mm d'épaisseur. Découpez-la en triangles que vous disposerez sur la plaque. Enfournez et laissez cuire 10 min. Mettez à refroidir sur une grille à pâtisserie.

Les ingrédients pour 15 à 20 croquants

200 g de beurre
250 g de cassonade
1 œuf
350 g de farine
1 pincée de sel
1 cuil. à café rase de levure chimique
1 belle pincée de cannelle
1 cuil. à café de gingembre en poudre
3 cuil. à soupe de gingembre confit
1 noix de beurre pour la plaque

la botte secrète d'aude et leslie

Pour un dessert express et aphrodisiaque, servez 2 boules de glace au gingembre avec quelques-uns de ces délicieux croquants. Saupoudrez le tout de graines de sésame poêlées à sec et c'est prêt !

Cookies aux cacahuètes

PRÉPARATION 20 MIN **I CUISSON** 12 MIN **I REPOS** 1 H **I COÛT** ★ **I DIFFICULTÉ** ★★

Les ingrédients pour 30 cookies

75 g de cacahuètes
125 g de beurre
200 g de sucre en poudre
125 g de beurre de cacahuètes
1 œuf
175 g de farine
2 cuil. à café de levure chimique
1 pincée de sel
50 g de pépites de chocolat noir

1 Étalez vos cacahuètes sur la plaque de votre four et enfournez-les 2 min dans un four préchauffé à 180 °C (th. 6). Sortez-les et concassez-les grossièrement au pilon ou en donnant un tour de mixeur.

2 Mettez votre beurre à ramollir au micro-ondes. Ajoutez le sucre en poudre et fouettez 5 min avec un batteur électrique pour obtenir un mélange crémeux et blanchi. Ajoutez le beurre de cacahuètes et fouettez à nouveau pour bien mélanger le tout.

3 Battez l'œuf dans un bol et ajoutez-le très progressivement à la préparation précédente tout en fouettant. Ajoutez enfin la farine, la levure et le sel et mélangez à la spatule. Terminez par les cacahuètes et les pépites de chocolat puis mélangez. Formez 3 boules avec la pâte, enveloppez-les dans du film transparent et placez-les 1 h au réfrigérateur.

4 Avec le plat de la main, roulez les boules de pâte sur un plan de travail fariné pour obtenir 3 « saucissons ». Coupez chacun de ces morceaux de pâte en 10 rondelles. Farinez vos mains et malaxez chaque rondelle puis aplatissez-les afin de leur donner leur forme de cookie. Déposez-les sur la plaque du four recouverte de papier sulfurisé.

5 Préchauffez votre four à 180 °C (th. 6). Enfournez et laissez cuire 12 min environ. Sortez du four et laissez les cookies refroidir sur une grille à gâteau.

le tuyau de laurence

Vous pouvez supprimer les pépites de chocolat et vous obtiendrez des cookies 100 % cacahuètes. Mais si vous êtes accro au chocolat, essayez cette recette avec des éclats de chocolat blanc.

le truc de stéphan

Si vous avez le temps, faites la pâte la veille et cuisez les cookies le lendemain : ils coloreront plus uniformément. Si vous aimez les cookies « soft », diminuez le temps de cuisson.

Étoiles à la fleur d'oranger

PRÉPARATION 15 MIN | **CUISSON** 20 MIN | **COÛT** ★ | **DIFFICULTÉ** ★

→ J'ADORE CES SABLÉS, ILS SONT AUSSI DÉLICATS AU GOÛT QUE JOLIS À REGARDER. VOILÀ UNE IDÉE SYMPA POUR RÉCONFORTER UNE COPINE QUI DÉPRIME !

1 Préchauffez votre four à 160 °C (th. 5).

2 Faites ramollir le beurre et versez-le avec le sucre, les farines et les épices dans le bol de votre robot. Mélangez jusqu'à ce que le mélange soit de consistance sableuse. Ajoutez alors l'œuf et l'eau de fleur d'oranger et mélangez à nouveau pour obtenir une boule. Sortez la boule du robot, farinez-la légèrement et pétrissez-la doucement pour obtenir une boule de pâte bien lisse.

3 Placez la pâte sur une feuille de papier sulfurisé et aplatissez-la avec le plat de la main. Recouvrez d'une deuxième feuille de papier sulfurisé puis aplatissez la pâte au rouleau sur 5 mm environ. Cette technique permet d'étaler la pâte sans qu'elle ne colle.

4 Découpez vos sablés avec un emporte-pièce en forme d'étoile. Regroupez vos chutes de pâte, reformez une boule et étalez-la à nouveau pour confectionner quelques sablés supplémentaires.

5 Étalez vos sablés sur la plaque du four et enfournez-les 20 min environ, jusqu'à ce qu'ils soient légèrement dorés. Sortez-les du four et mettez-les à refroidir sur une grille à pâtisserie.

6 Tamisez le sucre glace au-dessus d'un bol et ajoutez le jus de citron. Mélangez pour obtenir une pâte bien lisse. Étalez une couche de glaçage au citron sur les étoiles. Laissez sécher quelques minutes.

Les ingrédients pour 20 étoiles

110 g de beurre
75 g de sucre en poudre
125 g de farine
25 g de farine de maïs (maïzena)
½ cuil. à café de mélange quatre-épices
1 œuf
2 cuil. à soupe d'eau de fleur d'oranger

Pour le glaçage

160 g de sucre glace
2 cuil. à soupe de jus de citron

Pour varier_ Vous pouvez tout simplement garder ces sablés sans glaçage. Si vous n'aimez pas trop la fleur d'oranger, remplacez-la par 2 cuil. à café de gingembre en poudre ou de cannelle en poudre.

le tuyau de laurence

Pour que votre glaçage prenne vite, étalez-le sur vos sablés encore chauds.

Bonbons de brick au chocolat

PRÉPARATION 30 MIN I **CUISSON** 10 MIN I **REPOS** 12 H I **COÛT** ★ I **DIFFICULTÉ** ★

→ CES PETITES BOUCHÉES SONT TOPISSIMES, NOS COPAINS EN RAFFOLENT !

1 Versez la crème dans une petite casserole et mettez sur feu doux. Dès les premiers signes d'ébullition, sortez la casserole du feu et ajoutez le chocolat cassé en morceaux. Laissez fondre tout en remuant avec une cuillère en bois. Remettez quelques secondes à feu doux si nécessaire. Vous devez obtenir une sauce chocolat bien lisse.

2 Ajoutez les dés de zestes d'orange confits et mélangez. Versez dans un plat creux, couvrez de film alimentaire et placez 12 h au réfrigérateur.

3 Préchauffez votre four à 200 °C (th. 6-7). Sortez le plat et, à l'aide d'un couteau, coupez le chocolat pour obtenir des cubes. Prenez-les un à un et roulez-les dans vos mains pour en faire des boules.

4 Mettez le beurre à fondre à feu doux. Détachez délicatement vos feuilles de brick, badigeonnez une face de beurre fondu et coupez-les en quatre à l'aide de ciseaux.

5 Placez un quart de feuille de brick devant vous, triangle vers le haut et face beurrée en dessous. Posez une truffe au chocolat sur la pointe et roulez le tout vers le bord arrondi opposé. Ramenez les 2 extrémités vers le centre en serrant bien et maintenez attaché avec une pique en bois.

6 Enfournez et laissez cuire 10 min. Attendez 5 min avant de servir pour ne pas vous brûler avec le chocolat fondu.

Les ingrédients pour 40 bonbons

10 cl de crème fraîche

200 g de chocolat noir dessert

2 cuil. à soupe de dés de zestes d'orange confits

20 g de beurre

1 paquet de feuilles de brick

Pour varier_ • Vous pouvez faire des truffes nature ou les parfumer avec 1 cuil. à soupe de rhum ou de kirsch, dans ce cas ajoutez-le quand la sauce est encore liquide. • Remplacez les dés d'orange confite par des dés de gingembre confit. • Roulez vos truffes dans des graines de sésame ou du pralin avant de les envelopper dans la feuille de brick.

la botte secrète d'aude et leslie

Pensez aussi à vous lancer dans des truffes au chocolat blanc ou au lait. Tout aussi simple et tout aussi bon !

Roudoudous

PRÉPARATION 30 MIN | **COÛT** ★ | **DIFFICULTÉ** ★

→ RETOMBEZ DIRECTEMENT EN ENFANCE : COMMENCEZ PAR RAMASSER DE JOLIS COQUILLAGES, REMPLISSEZ-LES ET SOYEZ FIER DE VOUS !!

1 Lavez vos coquillages et plongez les dans une casserole d'eau bouillante. Laissez bouillir 10 min et égouttez-les sur un linge propre.

2 Versez le sucre et l'eau dans une casserole et mettez sur feu doux. Mélangez jusqu'à ce que le sucre soit totalement dissous. Augmentez le feu et laissez bouillir doucement 20 min.

3 Sortez du feu, ajoutez quelques gouttes de colorant rouge et d'arôme fraise et mélangez. Versez délicatement la préparation dans les coquillages propres et secs. Laissez refroidir à l'air libre et sucez dans les 2 jours !

Les ingrédients pour 15 à 20 coquillages selon la taille

450 g de sucre en poudre
25 cl d'eau
colorant alimentaire rouge
arôme fraise

le tuyau de laurence

Vous trouverez différents colorants alimentaires et arômes au rayon aide culinaire en pâtisserie. Laissez libre cours à votre imagination.

le truc de stéphan

Si vous avez un thermomètre, interrompez la cuisson du sucre à 155 °C. C'est un moyen infaillible pour ne pas vous tromper.

Nougatine

PRÉPARATION 15 MIN I **CUISSON** 5 MIN I **COÛT** ★ I **DIFFICULTÉ** ★

Les ingrédients pour 6 personnes

200 g d'amandes

200 g de sucre

2 cuil. à soupe de jus de citron

1 Hachez grossièrement les amandes et versez-les dans une poêle. Faites-les juste chauffer à feu très doux.

2 Huilez une plaque à pâtisserie ou recouvrez-la de papier sulfurisé.

3 Versez le sucre et le jus de citron dans une casserole et mettez sur feu moyen. Portez à ébullition sans cesser de remuer. Quand vous obtenez un caramel de couleur moyenne, sortez la casserole du feu, ajoutez les amandes chaudes et mélangez.

4 Remettez la casserole sur feu vif 30 sec à 1 min pour que la nougatine soit à ébullition et se détache facilement des bords de la casserole.

5 Versez immédiatement sur la plaque et étalez avec un rouleau à pâtisserie. Découpez la nougatine tant qu'elle est encore chaude. Dès qu'elle refroidit elle devient cassante.

Pour varier_ Remplacez les amandes par le même poids de graines de sésame.

la botte secrète d'aude et leslie

Nous, on adore casser les codes de la nougatine en faisant un mix d'amandes, de pistaches et de noisettes !

le tuyau de laurence

Vous pouvez aussi attendre qu'elle durcisse et la casser pour obtenir des éclats de nougatine.

le truc de stéphan

Cette recette est vraiment succulente. Toutefois si vous n'avez pas l'habitude de la faire, prenez des gants car les brûlures sont toujours possibles. Autre chose : cuisine interdite aux enfants ce jour-là !

Orangettes au chocolat

PRÉPARATION 20 MIN | **CUISSON** 20 MIN ENVIRON | **REPOS** 1 H | **COÛT** ★ | **DIFFICULTÉ** ★

→ VOILÀ UNE RECETTE DÉLICIEUSE ET TELLEMENT SIMPLE À FAIRE. IDÉALES À OFFRIR À DES COPAINS QUAND VOUS DÉBARQUEZ POUR DÎNER CHEZ EUX, CES ORANGETTES SE CONSERVENT QUELQUES JOURS AU FRAIS DANS UNE BOÎTE HERMÉTIQUE.

1 Lavez les oranges et essuyez-les.

2 Pelez l'écorce des oranges. Retirez la partie blanche car elle est amère. Pour cela utilisez un couteau sans dents et très tranchant. Taillez l'écorce d'orange en bâtonnets de 5 à 7 mm de large.

3 Versez l'eau et le sucre dans une casserole et portez à ébullition sur feu moyen. Quand le liquide bout, ajoutez les zestes et laissez cuire jusqu'à ce qu'il reste 1/4 du liquide. Mélangez de temps en temps avec une cuillère en bois. Sortez du feu et laissez refroidir dans le sirop.

4 Égouttez les zestes refroidis sur une grille à pâtisserie.

5 Mettez le chocolat à fondre au bain-marie et mélangez pour obtenir une sauce bien lisse. Laissez reposer 5 min puis plongez les zestes confits un à un dans le chocolat et déposez-les dans une assiette recouverte de papier sulfurisé. Placez 1 h au réfrigérateur pour que le chocolat prenne.

Les ingrédients pour 40 orangettes environ

3 oranges non traitées
1 l d'eau
500 g de sucre
200 g de chocolat noir dessert

Pour varier_ Cette recette très facile peut se faire également avec des pamplemousses et des citrons. Choisissez bien sûr des agrumes bio ou non traités et prenez bien soin de retirer la partie blanche.

la botte secrète d'aude et leslie

Pensez à ajouter des petits trucs qui croustillent dans le chocolat fondu : graines de sésame ou petits éclats de noisettes. Un délice !

Guimauve de Stéphan

PRÉPARATION 10 MIN | **CUISSON** 5 MIN | **COÛT** ★ | **DIFFICULTÉ** ★

1 Cassez le chocolat en carrés et mettez-le à fondre au bain-marie.

2 Réduisez les pistaches en poudre dans le bol de votre mixeur. Versez la noix de coco, les graines de sésame et le pralin dans des bols différents.

3 Piquez les marshmallows et plongez-les dans le chocolat encore chaud puis dans l'un des bols au choix. Déposez-les sur une grille pour que l'enrobage sèche.

4 Disposez les marshmallows dans des petits papiers plissés de pâtissier.

Les ingrédients

200 g de chocolat noir
100 g de pistaches vertes
100 g de noix de coco en poudre
100 g de graines de sésame
100 g de poudre de pralin
1 sachet de marshmallows

Pour varier_ • Pourquoi ne pas tester des enrobages au chocolat au lait ou au chocolat blanc... • Vous pouvez également utiliser des bandes de guimauve, très jolies aussi.

Fudges

PRÉPARATION 15 MIN | **CUISSON** 8 MIN | **COÛT** ★ | **DIFFICULTÉ** ★ |

MATÉRIEL SPÉCIFIQUE 1 MOULE À GÂTEAU CARRÉ OU 1 MOULE EN SILICONE POUR BOUCHÉES INDIVIDUELLES

→ MA SŒUR EN FAISAIT DES BOÎTES ENTIÈRES APRÈS SON SÉJOUR EN IRLANDE. VOILÀ LA RECETTE CAR CHEZ NOUS ILS SONT QUASI INTROUVABLES !

1 Versez tous les ingrédients dans une casserole. Mettez sur feu moyen et portez à ébullition tout en remuant avec une cuillère en bois. Comptez 8 min de cuisson à partir de la première ébullition.

2 Sortez du feu et versez la préparation dans un moule beurré. Remuez énergiquement avec une cuillère en bois. Quand le mélange commence à épaissir, laissez refroidir à température ambiante.

3 Découpez en carrés et dégustez.

Les ingrédients pour 20 fudges

200 g de sucre en poudre
40 g de cacao en poudre
1 cuil. à café de vanille liquide
15 g de beurre
90 ml de lait
1 noisette de beurre pour le moule

Pour varier_ Ajoutez des éclats de noisettes, d'amandes ou de pistaches.

le tuyau de laurence

Utilisez des moules flexibles pour des bouchées individuelles. Effet garanti !

le truc de stéphan

Plus les fudges sont cuits plus ils sont durs, et inversement. Vous pouvez aussi les préparer en remplaçant le lait par de la crème fraîche.

Chocolat chaud aux épices

PRÉPARATION 10 MIN I **CUISSON** 3 MIN I **COÛT** ★ I **DIFFICULTÉ** ★

→ LE SECRET DE CETTE RECETTE C'EST LA MOUSSE, ALORS PRÉVOYEZ UNE BOUTEILLE OU UN THERMOS D'UN LITRE ENVIRON, QUE VOUS REMPLIREZ À MOITIÉ OU AUX TROIS-QUARTS POUR QUE LA MOUSSE PUISSE SE FORMER QUAND VOUS ALLEZ SECOUER.

Les ingrédients pour 4 personnes

100 g de chocolat noir dessert
50 cl de lait
10 cl de crème liquide
1 gousse de vanille
1 sachet de sucre vanillé
1 belle pincée de cannelle

1 Cassez le chocolat en petits carrés.

2 Versez le lait et la crème liquide dans une casserole. Ajoutez la gousse de vanille fendue en deux en prenant bien soin de gratter les graines avec la pointe d'un couteau. Portez à ébullition. Sortez du feu et ôtez les gousses de vanille grattées.

3 Versez le chocolat dans la casserole. Ajoutez le sucre vanillé et la cannelle. Remuez pour faire fondre le chocolat et bien le mélanger au lait. Remettez un peu sur feu doux si nécessaire.

4 Versez le chocolat dans un thermos ou dans une bouteille en verre d'1 l que vous aurez ébouillantée juste avant. Secouez énergiquement pendant 1 min pour avoir une bonne mousse. Versez dans des tasses ou des verres et buvez aussitôt.

la botte secrète d'aude et leslie

Côté présentation, remplacez les petites cuillères par un bâton de cannelle posé en travers de chaque tasse...

Lait de poule

PRÉPARATION 10 MIN | **CUISSON** 5 MIN | **COÛT** ★ | **DIFFICULTÉ** ★

1 Chauffez doucement le lait dans une casserole en surveillant pour qu'il ne s'échappe pas.

2 Pendant ce temps, versez les jaunes d'œufs, le sucre et l'eau de fleur d'oranger dans un saladier, et fouettez vivement pendant 5 min pour obtenir un mélange blanchi et crémeux.

3 Versez le lait bouillant en filet sur le mélange œufs-sucre tout en fouettant. Servez aussitôt.

Les ingrédients pour 4 personnes

90 cl de lait demi-écrémé

6 jaunes d'œufs

6 cuil. à café de sucre en poudre

3 cuil. à café d'eau de fleur d'oranger

la botte secrète d'aude et leslie

Pour vos brunchs avec toute votre tribu, n'hésitez pas à servir votre lait de poule dans des mini-verres à vodka. À boire cul sec évidemment !

le tuyau de laurence

À essayer avec un lait d'amande.

Café frappé à la vanille

PRÉPARATION 15 MIN | **COÛT** ★ | **DIFFICULTÉ** ★ |

MATÉRIEL SPÉCIFIQUE 4 FLÛTES

1 Versez la crème liquide dans un petit saladier. Placez le bol 5 min au congélateur avec les fouets de votre batteur. Sortez la crème et fouettez pour obtenir votre chantilly. Quand elle commence à prendre, ajoutez le sucre glace en pluie et fouettez pour obtenir une chantilly bien ferme. Remplissez une poche à douille avec la chantilly.

2 Mélangez le café et la liqueur de Bailey's.

3 Versez 1 cuil. à soupe de sauce au chocolat dans le fond de chaque flûte. Ajoutez une boule de glace à la vanille et versez le café. Terminez par une bonne dose de chantilly.

Les ingrédients pour 4 personnes

20 cl de crème liquide
2 cuil. à soupe de sucre glace
4 tasses de café glacé
2 cuil. à soupe de liqueur de Bailey's
4 cuil. à soupe de sauce au chocolat
4 boules de glace à la vanille

Pour varier_ Vous pouvez verser le café brûlant sur la glace, top aussi.

le truc de stéphan

Pas mal aussi en remplaçant le Bailey's par de l'armagnac...

Lait concentré frappé à la mangue

PRÉPARATION 10 MIN | **COÛT** ★ | **DIFFICULTÉ** ★

→ J'ADORE PRÉPARER CETTE BOISSON À MES COPAINS. SUBLIMISSIME EN FIN D'APRÈS-MIDI D'UNE JOURNÉE BIEN CHAUDE.

1 Pelez les mangues et récupérez la chair en taillant autour du noyau. Coupez la chair en cubes.

2 Versez la mangue, le sorbet, le Perrier et le contenu des berlingots de lait concentré dans un *blender*. Mixez et servez aussitôt.

Les ingrédients pour 4 personnes

2 mangues
3 boules de sorbet citron vert
50 cl de Perrier
2 berlingots de lait concentré

Astuce_ Pour une recette encore plus rapide à préparer, utilisez des mangues surgelées que vous trouverez dans certaines enseignes de magasins spécialisés. Dans ce cas, utilisez 6 joues de mangues.

la botte secrète d'aude et leslie

En ajoutant quelques gouttes de grenadine juste avant de servir, vous obtiendrez une couleur au top !

le tuyau de laurence

Vous pouvez ajouter quelques feuilles de menthe dans le *blender*.

le truc de stéphan

Donnez un côté encore plus pointu en ajoutant une petite pointe de gingembre frais au moment de mixer.

Soupe de pastèque à la menthe

PRÉPARATION 20 MIN | **REPOS** 2 H | **COÛT** ★★ | **DIFFICULTÉ** ★

1 Pelez la pastèque et ôtez la partie avec les pépins. Coupez la chair en dés.

2 À l'aide d'un couteau économe, prélevez un beau zeste de citron, c'est-à-dire un ruban de 6 cm environ. Émincez-le finement pour obtenir des petits brins de zeste. Pressez une moitié du citron et mettez ce jus de côté.

3 Versez le porto dans une petite casserole, ajoutez les zestes et mettez sur le feu. Sortez la casserole du feu aux premiers signes d'ébullition.

4 Versez les dés de pastèque dans le bol de votre robot, arrosez du jus de citron, du porto encore chaud, ajoutez les feuilles de menthe et mixez longuement. Versez dans un saladier et mettez au frais 2 h.

5 Servez la soupe dans des assiettes creuses avec quelques brins de menthe ciselée en décoration.

Les ingrédients pour 4 personnes

1 kg de pastèque
1 citron non traité
20 cl de porto blanc
2 feuilles de menthe

la botte secrète d'aude et leslie

Pour les becs sucrés, ajoutez un filet de miel liquide juste avant de mixer.

le tuyau de laurence

Servez cette soupe avec une boule de sorbet citron au centre de l'assiette. Vous pouvez également ajouter quelques pignons de pin, c'est joli et délicieux.

le truc de stéphan

Super aussi avec du melon d'Espagne. Il faut ajouter un peu d'eau minérale si la soupe est trop épaisse.

Fruits rouges en gelée

PRÉPARATION 15 MIN | **REPOS** 1 H 30 | **COÛT** ★★ | **DIFFICULTÉ** ★★

→ CE DESSERT EST GÉNIAL EN ÉTÉ CAR IL EST VRAIMENT TRÈS RAFRAÎCHISSANT. SANS COMPTER QUE VOS POTES SERONT COMPLÈTEMENT SURPRIS D'AVOIR UN DESSERT QUI PÉTILLE : SUCCÈS GARANTI ! J'EN SUIS DINGUE.

1 À l'aide d'un couteau économe, prélevez un zeste du citron vert (5 cm) et émincez-le finement. Pressez le citron.

2 Équeutez vos fraises et coupez-les en quatre. Versez-les dans un saladier et mélangez-les délicatement aux framboises. Ajoutez le jus et les zestes du citron vert. Mélangez et répartissez le tout dans 4 verres que vous placerez au réfrigérateur.

3 Mettez vos feuilles de gélatine à tremper dans un bol d'eau froide pendant 10 min. Versez le sirop de grenadine dans un récipient suffisamment grand pour pouvoir y ajouter la limonade plus tard et mettez à chauffer 45 sec au micro-ondes, puissance maximale. Sortez le récipient du micro-ondes et ajoutez-y les feuilles de gélatine bien essorées. Mélangez pour qu'elles soient bien dissoutes. Laissez refroidir quelques minutes.

4 Sortez vos verres et la limonade. Versez la limonade sur le mélange sirop-gélatine, mélangez rapidement et versez aussitôt sur les fruits. Replacez au frais dès qu'ils sont remplis. Laissez prendre au moins 1 h 30.

Les ingrédients pour 4 personnes

1 citron vert
200 g de fraises
200 g de framboises
3 feuilles de gélatine
4 cuil. à soupe de grenadine
(ou sirop de fraise)
25 cl de limonade

la botte secrète d'aude et leslie

Pour varier les plaisirs, testez cette recette épatante avec des mûres et du cassis. Et ajoutez une belle noisette de chantilly sur le dessus de chaque verre.

le truc de stéphan

Plus la préparation est froide, plus les bulles paraîtront petites et piquantes au palais. Si vous avez le temps, placez vos coupes 10 min au congélateur avant de les servir.

Soupe d'abricot à l'orgeat

PRÉPARATION 15 MIN | **CUISSON** 3 MIN | **COÛT** ★ | **DIFFICULTÉ** ★

1 Versez les amandes dans une poêle antiadhésive et mettez-les à griller sur le feu. Surveillez de près car les amandes ont tendance à très vite colorer. Remuez de temps à autre avec une cuillère en bois. Versez sur une assiette.

2 Égouttez les abricots, versez-les dans le bol de votre robot, ajoutez le sirop d'orgeat, le lait fermenté et réduisez le tout en purée.

3 Versez votre crème liquide dans un petit saladier et placez celui-ci 5 min au congélateur avec les fouets du batteur. Le fait que tous ces éléments sont bien froids garantira le succès de votre chantilly ! Sortez le saladier et les fouets puis fouettez vivement pour obtenir votre chantilly.

4 Ajoutez la purée de fruits sur la chantilly. Fouettez à nouveau quelques secondes pour bien mélanger et placez au froid.

5 Servez cette soupe mousseuse, saupoudrée d'amandes effilées et arrosée d'un peu de coulis.

Les ingrédients pour 4 à 6 personnes

3 cuil. à soupe d'amandes effilées
1 boîte 4/4 d'abricots
4 cuil. à soupe de sirop d'orgeat
20 cl de lait fermenté
15 cl de crème liquide
15 cl de coulis de fruits rouges

le tuyau de laurence

Vous pouvez remplacer le lait fermenté par un yaourt « Perle de lait ».

Salade exotique au lait de coco

PRÉPARATION 15 MIN | **REPOS** 30 MIN | **COÛT** ★ | **DIFFICULTÉ** ★

Les ingrédients pour 4 à 6 personnes

- 1 citron vert
- 1 mangue
- 1 petit ananas Victoria
- 1 boîte de letchis au sirop
- 25 cl de lait de coco
- 60 g de sucre en poudre
- 1 sachet de sucre vanillé

1 À l'aide d'un couteau économe, prélevez un beau zeste sur le citron vert avant de le presser. Émincez finement le zeste.

2 Pelez la mangue et taillez la chair en tournant autour du noyau. Coupez la chair en cubes. Pelez l'ananas et coupez-le en quatre dans la hauteur, ôtez le cœur et coupez la chair en cubes également. Égouttez les letchis.

3 Versez tous les fruits dans un saladier. Arrosez du jus de citron vert.

4 Dans un bol, mélangez le lait de coco, le sucre, le sucre vanillé et les zestes de citron vert. Versez sur les fruits et mélangez.

5 Laissez au frais 30 min avant de servir.

la botte secrète d'aude et leslie

Si vous faites vos emplettes dans une épicerie asiatique, ne repartez pas sans une ou deux caramboles, ces jolis fruits exotiques en forme d'étoile. Coupés en tranches, ils apporteront une touche aussi déco que gourmande à cette recette !

Granité pamplemousse au Schweppes

PRÉPARATION 4 H | **COÛT** ★ | **DIFFICULTÉ** ★★

Les ingrédients pour 4 personnes

50 cl de Schweppes

25 cl de jus de pamplemousse frais

1 Mélangez le Schweppes et le jus de pamplemousse et versez le tout dans un plat à gratin. Mettez le plat au congélateur.

2 Au bout de 30 min, sortez le plat et grattez son contenu à la fourchette des bords vers l'intérieur. Renouvelez l'opération 4 fois, toutes les 30 min.

3 Au bout de 30 min à nouveau, sortez le plat et démoulez son contenu. Cassez-le si nécessaire et versez-le dans le bol de votre *blender*. Mixez pour avoir de fines paillettes et servez aussitôt.

4 Si vous ne le consommez pas immédiatement, replacez votre granité au congélateur et repassez-le une dernière fois au *blender* avant de le servir.

le truc de stéphan

Si vous avez le temps, ajoutez quelques zestes de pamplemousse confits à votre granité.

Tiramisu aux fruits

PRÉPARATION 20 MIN | **REPOS** 1 H | **COÛT** ★★ | **DIFFICULTÉ** ★

1 Versez le mascarpone, la crème et le sucre dans le bol de votre mixeur et mélangez pour obtenir une crème lisse et homogène.

2 Équeutez vos fraises et coupez-les en deux ou quatre selon la grosseur.

3 Versez le jus d'orange dans une assiette creuse et trempez-y les biscuits à la cuillère sur une face. Recouvrez alors le fond d'un plat creux d'une couche de biscuits, face sèche vers le haut.

4 Recouvrez la couche de biscuits de la moitié de la crème puis de la moitié des fraises et des framboises. Refaites à nouveau une couche de biscuits puis une couche de crème et finissez par une couche de fruits.

5 Passez les pistaches au mixeur et saupoudrez le dessus du tiramisu.

6 Placez au frais au moins 1 h avant de servir.

Les ingrédients pour 6 à 8 personnes

3 boîtes de mascarpone
30 cl de crème liquide allégée
150 g de sucre en poudre
500 g de fraises
1 verre de jus d'orange
1 boîte de biscuits à la cuillère
250 g de framboises
50 g de pistaches vertes

Pour varier_ • Pour une présentation plus festive, vous pouvez aussi faire des tiramisus individuels dans des verres ou des coupes. • Remplacez les fraises et les framboises par des cubes de mangues et d'ananas. Dans ce cas, remplacez la crème liquide par la même quantité de lait de coco. Saupoudrez de noix de coco râpée.

la botte secrète d'aude et leslie

Pour une version totalement régressive, remplacez les biscuits à la cuillère par des éclats de meringue. Dans ce cas-là, zappez le jus d'orange.

je veux en savoir plus !

À avoir sous la main / DES MOULES EN SILICONE / Si vous voulez faire des petits gâteaux / formes sympathiques à vos petits biscuits / laissez parler votre créativité ! / un batteur électrique / DÉCOUPER ET FAÇONNER LES BISCUITS / Étalez-la à l'aide d'un rouleau à pâtisserie / utilisez une plaque à pâtisserie / afin que l'air chaud puisse circuler de façon homogène / à moins que vos biscuits soient engloutis dès leur sortie du four / utilisez de petits moules et réduisez les temps de cuisson / BEURREZ CE DERNIER AVANT / Tournez le moule dans tous les sens pour que votre sucre adhère bien / n'ouvrez pas la porte du four avant que le dessus du gâteau ne commence à colorer / si elle ressort sèche, votre gâteau est cuit / Certains gâteaux comme le cheese-cake doivent refroidir avant le démoulage / eau de fleur d'oranger, eau de rose, zestes d'agrumes / coupez le gâteau en deux ou trois dans l'épaisseur / UN JOLI GLAÇAGE BLANC DONNERA IMMÉDIATEMENT UN CÔTÉ FESTIF / et même de bonbons pour une version plus enfantine / déposez-les sur un rouleau à pâtisserie

Je veux la technique !

Varier les formes

Les moules

- Il existe de nombreux moules qui diffèrent par leur taille, leur forme et leur matière. Vous pouvez varier un peu mais vous ne ferez jamais une brioche dans un moule à manqué ou des madeleines dans un moule à cake !
- Si vous voulez faire des petits gâteaux, utilisez des moules individuels et réduisez les temps de cuisson ; pour être sûr de ne pas échouer à la fin, surveillez régulièrement.
- Surfez sur la mode des moules en silicone, c'est un plaisir à démouler. Dans ce cas, pensez à déposer votre moule sur la plaque du four avant de le remplir... et augmentez un peu le temps de cuisson.

Les emporte-pièces

- Dans certaines recettes vous aurez besoin d'emporte-pièces pour découper la pâte et donner des formes sympathiques à vos petits biscuits. Pas de panique si vous n'en avez pas sous la main ou si vous n'en trouvez pas : utilisez un verre tête en bas. Il m'est même arrivé d'utiliser une étoile de mer sortie tout droit des jouets de plage de ma fille !
- Si vous souhaitez en acheter, il existe les formes rondes classiques en différents diamètres. Vous trouverez également de plus en plus facilement des emporte-pièces originaux en forme d'étoile, de cœur, de bonhomme de neige, de nounours, de lettre... laissez parler votre créativité !

À avoir sous la main

En plus des moules à gâteaux et emporte-pièces, un certain nombre d'ustensiles peuvent vous faciliter la tâche si vous voulez vous lancer dans les recettes de ce livre. Si vous ne les avez pas, j'ai un plan de secours :

- un batteur électrique ou un fouet à main et un peu d'énergie ;
- une plaque à pâtisserie ou du papier sulfurisé pour recouvrir la lèchefrite de votre four ;
- un pinceau pour beurrer les moules ou du papier absorbant pour étaler votre noix de beurre mou ;
- une grille à gâteau ou la grille propre de votre four ;
- et bien entendu : un four !

Quelques trucs pour faire des biscuits

Mise en forme des biscuits

Pour certaines recettes comme les cookies, il faut façonner des boulettes de pâte ; si celle-ci est trop collante, réfrigérez-la. Pour former les boulettes, humidifiez ou farinez vos mains. Déposez les boulettes sur la plaque et appuyez avec le dos d'une fourchette pour aplatir les biscuits. Espacez-les suffisamment les uns des autres car ils risquent de s'étaler à la cuisson.

Découper et façonner les biscuits

Pour d'autres recettes comme les sablés, il faut tout d'abord étaler la pâte réfrigérée puis façonner les biscuits avec des emporte-pièces. Pour cela, farinez votre boule de pâte puis déposez-la entre deux feuilles de papier sulfurisé. Étalez-la à l'aide d'un rouleau à pâtisserie pour obtenir l'épaisseur désirée. Ôtez la feuille du dessus et découpez vos biscuits avec un emporte-pièce.

Préparation d'une plaque

Utilisez une plaque à pâtisserie ou, à défaut, la lèchefrite de votre four. Recouvrez-la de papier sulfurisé ; le papier d'aluminium est moins conseillé car, très conducteur, il risquerait de surchauffer la base de vos biscuits. Le risque avec le papier d'aluminium est aussi qu'il reste collé sous les biscuits... aïe les dents !

Cuisson au four

Tout d'abord, il est indispensable de bien préchauffer votre four, 10 à 15 min suffisent pour qu'il atteigne la bonne température. Placez votre plaque bien au centre du four afin que l'air chaud puisse circuler de façon homogène. Si vous voyez que la base de vos biscuits brunit trop vite, placez une deuxième plaque en dessous. Évitez par contre de faire cuire vos biscuits sur 2 étages, dans ce cas, mieux vaut faire 2 fournées. Comme les biscuits cuisent rarement de façon homogène, faites pivoter la plaque aux 2/3 de la cuisson. Surveillez de près vos biscuits vers la fin de cuisson et sortez-les au fur et à mesure, si besoin. Mettez-les à refroidir sur une grille ; en restant sur la plaque, ils continueraient à cuire.

Conservation des biscuits

À moins que vos biscuits soient engloutis dès leur sortie du four – ce qui est courant ! –, le mieux est de les conserver dans une boîte hermétique. Séparez chaque couche par une feuille de papier sulfurisé.

Quelques trucs pour faire des gâteaux

Choisir son moule

Utilisez les moules indiqués dans les recettes ou un autre d'une forme très proche. Si vous voulez des gâteaux individuels, utilisez de petits moules et réduisez les temps de cuisson.

Préparer son moule

Il est très important de bien beurrer votre moule, ou de le chemiser avec du papier sulfurisé sur toutes les parois, si vous voulez avoir une chance de le démouler en un seul morceau ! Un petit truc : pour que le papier sulfurisé adhère bien au moule, beurrez ce dernier avant. Seuls les moules en silicone ne nécessitent pas une telle opération (à l'exception de la première utilisation).
Pour un effet au top, vous pouvez chemiser votre moule avant de le remplir de pâte : beurrez-le généreusement puis saupoudrez l'intérieur de sucre cristal par exemple.

Tournez le moule dans tous les sens pour que votre sucre adhère bien sur toutes les parois puis jetez l'excédent. Vous pouvez chemiser votre moule avec des fruits secs concassés finement (noix, noisette, pistache...), de la noix de coco râpée, des amandes effilées, de la cassonade...

Remplissage du moule

Ne remplissez jamais un moule à ras bord, il déborderait pendant la cuisson. Pour les pâtes très denses, comme le cake ou le gâteau au chocolat, remplissez votre moule aux ¾. Pour des gâteaux avec de la levure, remplissez-le aux ⅔.

Cuisson au four

Comme pour les biscuits, il est très important que le four ait atteint sa température au moment où vous enfournez votre gâteau (10 à 15 min de préchauffage) et que vous placiez votre plaque au centre du four. Si le dessus de votre gâteau colore trop vite, placez une feuille de papier d'aluminium sur le dessus. Mais en tout cas n'ouvrez pas la porte du four avant que le dessus du gâteau ne commence à colorer.

Vérifier la cuisson

Les temps de cuisson peuvent varier en fonction du moule et du four utilisés. Il est donc important de vérifier la cuisson de votre gâteau avant de le sortir du four en plantant une pointe de couteau au centre ; si elle ressort sèche, votre gâteau est cuit. Si elle ressort avec des traces de pâte, prolongez la cuisson. Ceci n'est pas valable pour le gâteau au chocolat, très apprécié pour son cœur coulant !

Démouler un gâteau

Si votre moule est bien préparé, c'est un jeu d'enfant. Passez délicatement une lame de couteau tout autour de votre gâteau encore chaud et placez-le sur votre grille. Certains gâteaux comme le cheese-cake doivent refroidir avant le démoulage !

Varier les plaisirs

- Vous pouvez choisir de parfumer vos gâteaux selon votre inspiration : arômes, alcool (kirsch, rhum...), eau de fleur d'oranger, eau de rose, zestes d'agrumes... ayez toutefois la main légère.
- Pourquoi ne pas étonner vos potes avec quelques gouttes de colorant alimentaire pour colorer vos pâtes ? Un gâteau roulé à la confiture avec une génoise rose ou un gâteau au yaourt bleu décoré de quelques cassis auront un succès incontestable.

La finition ou le détail qui change tout

Fourrage

Certains gâteaux peuvent être fourrés comme une génoise, un gâteau au yaourt, un cake, etc., cela permet de varier et d'enrichir les recettes de base. Pour cela, coupez le gâteau en deux ou trois dans l'épaisseur à l'aide d'un couteau dentelé et en manipulant le gâteau avec précaution. Vous pouvez fourrer vos gâteaux de confiture, de crème au beurre (nature ou aromatisée), de Nutella... du moment que le produit utilisé n'est pas trop liquide mais assez onctueux pour s'étaler facilement.

Glaçage

Un joli glaçage blanc donnera immédiatement un côté festif à votre gâteau. C'est très simple, mélangez 200 g de sucre glace tamisé à 6 ou 7 cuil. à soupe d'eau et fouettez vigoureusement. Versez cette préparation sur votre gâteau et étalez-la avec une spatule métallique ou la lame d'un couteau. Mettez votre gâteau sur une grille pour cette opération, l'excédent de nappage coulera en dessous.

Décoration

Vous pouvez décorer vos gâteaux de nombreuses façons. La plus classique, mais très jolie, consiste à saupoudrer votre gâteau de sucre glace ; vous pouvez remplacer celui-ci par du cacao en poudre et utiliser des pochoirs pour obtenir des dessins sur le dessus de votre gâteau. Vous pouvez aussi le recouvrir d'amandes effilées, de noix de coco râpée... et même de bonbons pour une version plus enfantine.

La tuile !

1 Préchauffez votre four à 200 °C (th. 6-7). Beurrez votre plaque à pâtisserie ou recouvrez votre plaque de four de papier sulfurisé et beurrez-le.

2 Mettez 40 g de beurre dans une petite casserole et chauffez-le pour qu'il fonde. Laissez tiédir. Hachez finement au couteau le zeste d'orange.

3 Fouettez vos 2 blancs d'œufs pour les mélanger, ils doivent juste être mousseux. Ajoutez 75 g de farine et 100 g de sucre glace en pluie tout en fouettant puis terminez par le beurre fondu, 1 cuil. à soupe de crème et les zestes. Ajoutez, délicatement, 3 cuil. à soupe d'amandes à la pâte.

4 Déposez des petits tas de pâte avec une petite cuillère en les espaçant suffisamment car ils vont s'étaler à la cuisson. Aplatissez les tas de pâte aussi finement que possible avec le dos d'une cuillère à soupe légèrement huilé.

5 Enfournez et laissez cuire jusqu'à ce que les contours brunissent légèrement, 8 min environ. Sortez la plaque du four et décollez les ronds de pâte délicatement à la spatule. À la sortie du four, ils sont encore mous ; déposez-les sur un rouleau à pâtisserie ou sur des verres couchés pour leur donner leur forme définitive de tuiles.

À garder sous le coude

s'en sortir sans balance

→ Ce tableau vous donne les principales équivalences poids et volumes pour les ingrédients les plus courants.

Ingrédients	1 cuil. à café	1 cuil. à soupe	1 verre à moutarde
Beurre	7 g	20 g	–
Cacao en poudre	5 g	10 g	90 g
Crème épaisse	1,5 cl	4 cl	20 cl
Crème liquide	0,7 cl	2 cl	20 cl
Farine	3 g	10 g	100 g
Gruyère râpé	4 g	12 g	65 g
Liquides divers (eau, huile, vinaigre, alcools)	0,7 cl	2 cl	20 cl
Maïzena	3 g	10 g	100 g
Poudre d'amandes	6 g	15 g	75 g
Raisins secs	8 g	30 g	110 g
Riz	7 g	20 g	150 g
Sel	5 g	15 g	–
Semoule, couscous	5 g	15 g	150 g
Sucre en poudre	5 g	15 g	150 g
Sucre glace	3 g	10 g	110 g

Mesurer vos liquides

1 verre à liqueur = 3 cl

1 tasse à café = 8 à 10 cl

1 verre à moutarde = 20 cl

1 bol = 35 cl

Pour info

1 œuf = 50 g

1 noisette de beurre = 5 g

1 noix de beurre = 15 à 20 g

bien régler son four

→ Pas facile de connaître la température dans un four ! Voici une table très simple à utiliser et valable pour la plupart des appareils vendus dans le commerce.

Température (°C)	30	60	90	120	150	180	210	240	270
Thermostat	1	2	3	4	5	6	7	8	9

→ Les temps de cuisson donnés dans les recettes peuvent varier légèrement selon les types d'appareils. En effet, dans un four à chaleur tournante, les plats cuisent de manière plus homogène et plus vite que dans les fours qui chauffent à partir d'une source (four à gaz, four électrique).

Rappelez-vous aussi que pour réaliser une bonne cuisson, un préchauffage est toujours nécessaire.

les indispensables en cuisine

→ Pour cuisiner entre potes ou pour des potes sans souci, il faut avoir sous la main quelques produits tout simples, faciles à trouver.
Voici une petite liste de « basiques », grâce auxquels vous pourrez faire la grande majorité des recettes de cette collection.

Dans le placard

Épices
- Cannelle
- Coriandre
- Cumin
- Curry
- Gingembre
- Herbes de Provence
- Mélange quatre-épices
- Noix de muscade
- Paprika
- Poivre du moulin et concassé
- Thym
- Vanille en gousse

Liquides
- Huiles de tournesol, d'olive, de sésame et de noix
- Rhum (pour la pâtisserie)
- Vinaigres de vin, blanc, balsamique et de xérès
- Vin rouge et blanc sec

Condiments

- Moutarde forte et à l'ancienne
- Moutardes parfumées (à l'estragon, au poivre vert)
- Sauce pesto
- Sauce soja
- Sel fin et gros sel
- Tabasco
- Tapenade d'olives noires

Et aussi

- Amandes effilées
- Anchois, thon et sardines à l'huile d'olive
- Bouillon cube
- Câpres
- Chocolat à cuire et chocolat en poudre
- Cornichons
- Farine
- Fruits secs (amandes, raisins, pignons, noisettes, abricots, figues)
- Lait de coco
- Levure chimique
- Maïzena
- Miel
- Olives en boîte
- Pâtes de toutes formes
- Poudre de noisettes et poudre d'amandes
- Riz rond et riz parfumé
- Semoule
- Sucre en poudre, sucre glace et sucre vanillé
- Tomates en boîte, concentrées et séchées en bocal

Dans le réfrigérateur

Légumes

- Ail
- Carottes
- Citrons
- Échalotes
- Oignons
- Pommes de terre
- Tomates

Laitages et œufs

- Beurre
- Crème liquide
- Fromage frais
- Lait
- Œufs
- Parmesan

Et aussi

- Feuilles de brick
- Pâtes à tarte (brisée, sablée, feuilletée)

Dans le congélateur

Herbes et épices hachées

- Aneth
- Basilic
- Ciboulette
- Coriandre
- Gingembre haché
- Persil

Légumes

- Champignons de Paris
- Épinards
- Petits pois
- Tiges de citronnelles

Et aussi

- Pâtes à tarte (brisée, sablée, feuilletée)

avoir le bon matériel

→ Pas besoin de grand-chose pour faire de grandes recettes !
Voici une petite liste d'ustensiles à avoir dans la cuisine.

Cuire

- Casseroles (une grande et une petite)
- Moules à tarte et à pâtisserie
- Marmite en fonte
- Plaque à rôtir
- Poêles à fond antiadhésif (une grande et une petite)
- Wok (éventuellement)

Couper

- Aiguiseur à couteaux
- Couteau économe
- Gros couteau dit « éminceur »
- Petit couteau
- Petite planche à découper en plastique

Mélanger

- Saladiers
- Cuillères en bois
- Fouet
- Spatules

Divers

- Batteur électrique
- Essoreuse à salade
- Ficelle de cuisine
- Mixeur
- Passoires, ou chinois (une fine, une plus grosse)
- Rouleau à pâtisserie
- Verre-doseur

Table des recettes

Retrouvez en couleur les « recettes pour épater ».

Table des matières

Ma recette qui dépote...

La cuisson en toute sécurité

avec le gaz naturel

Goûter au confort de vie DolceVita, c'est profiter d'une cuisine toute en saveurs, doucement mijotée ou saisie en toute puissance, au gré des recettes et des envies. En toute sécurité.

Allumer d'une main, moduler la flamme selon ses besoins et avec une grande précision, laisser mijoter, griller ou rôtir… Tels sont les atouts de la cuisine au gaz naturel. Toute la souplesse d'une énergie sur mesure pour réussir des repas variés et savoureux. La cuisson dans un four alimenté au gaz naturel permet en outre aux aliments de conserver tous leurs sels minéraux ainsi que toutes leurs saveurs, sans se dessécher : en brûlant, le gaz naturel produit de l'humidité. Inutile donc de rajouter de l'eau en cours de cuisson !

LA SÉCURITÉ EN PLUS

Opter pour le gaz naturel, c'est également faire le choix d'une installation et d'une utilisation garantissant un haut niveau de sécurité. Par exemple, le système Vissogaz, un système de raccordement performant et sécurisé. Recommandé par Gaz de France, ce système est composé d'un robinet de sécurité et d'un flexible qui se fixe d'un côté sur le robinet d'arrivée de gaz naturel et de l'autre sur le pas de vis de l'appareil de cuisson. Correctement installé, il est parfaitement étanche et ne peut ni s'arracher ni se déboîter et s'adapte à tous types d'appareils. Il est obligatoire sur les installations neuves ou ayant été modifiées.

LES INNOVATIONS AU RENDEZ-VOUS

Aujourd'hui, de nombreuses innovations technologiques accroissent encore la sécurité de la cuisson au gaz naturel :

- **La coupure automatique de la flamme :** le système thermocouple coupe automatiquement l'arrivée de gaz en cas d'extinction accidentelle de la flamme due à un courant d'air ou au débordement d'une casserole.
- **La porte anti-brûlure :** elle se compose d'un feuilletage de verre qui ne conduit pas la chaleur et maintient la façade en dessous du seuil de brûlure de 75 °C. Vous pouvez également demander si la cuisinière choisie est dotée d'un verrouillage de la porte en mode « sécurité enfant ».
- **Le tiroir anti-basculement permet de sortir complètement la grille du four sans risque :** un système de blocage sur le rail évite qu'elle ne bascule sous le poids du plat.

LE GAZ NATUREL, UNE ÉNERGIE ÉCONOMIQUE

Faire la cuisine au gaz naturel, c'est aussi choisir l'une des énergies les moins chères du marché qui, assortie à des équipements performants et à des tarifs ajustés à votre consommation annuelle, vous permet de cuisiner en toute liberté.

POUR EN SAVOIR PLUS SUR LES OFFRES DOLCEVITA

Vous pouvez joindre un Conseiller Gaz de France au :

0 810 140 150 (prix d'un appel local)

ou vous connecter sur l'espace DolceVita du site

www.gazdefrance.fr

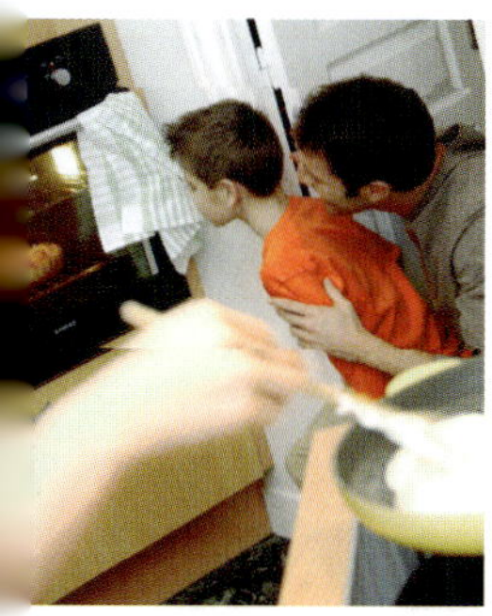

Le conseil DolceVita de Gaz de France

• ***Pour faire des économies d'energie,*** *mettez le plus souvent possible un couvercle sur les casseroles afin de limiter le temps de chauffage ; dans le four superposez les plats qui réclament la même puissance de cuisson et coupez la flamme quelques minutes avant la fin de la cuisson pour profiter de la chaleur accumulée.*

Gaz de France
Dolcevita

Gaz de France, SA au capital de 903 000 000 € - 542 107 651 RCS Paris - Photos : Médiathèque Gaz de France/Nathalie de Moussac
Conception/Réalisation : UNEDITE

Remerciements

Un grand merci à ma famille pour les délicieuses recettes qui ont bercé mon enfance et celle de mes enfants aujourd'hui. Merci à Aude, Leslie et Stéphan pour tous ces moments gourmands et passionnés.

Laurence

Delphine Brunet remercie les boutiques suivantes pour leur collaboration :
Côté table : pp. 100 (verre) et 108 (verres) ; FOR YOU : p. 68 (coupelles) ; Geneviève Lethu : p. 40 (serviette) ; Le grand comptoir : pp. 19 (boîte) et 53 (plateau) ; Monoprix : pp. 49 et 106 (assiette).

Toutes les photos de reportage ont été réalisées par Philippe Vaurès-Santamaria.

Direction, Stephen Bateman et Pierre-Jean Furet
Responsables éditoriales, Brigitte Éveno et Raphaële Wauquiez
Conception graphique, Dune Lunel
Réalisation, Les PAOistes
Coordination et suivi éditorial, Anne Vallet
Fabrication, Amélie Latsch
Partenariats, Sophie Augereau (01 43 92 36 82)

L'éditeur remercie Jennifer Joly pour son aide précieuse et ses relectures attentives.

Imprimé en Espagne par Graficas Estella - dépôt légal : mai 2006
23.01.7157.01.3 • 2012371574